AMORE 2.0
Il Labirinto delle Relazioni Liquide

Gioia Risari

Copyright © 2023 Gioia Risari Tutti i diritti riservati

I personaggi e gli eventi rappresentati in questo libro sono immaginari. Qualsiasi somiglianza a persone reali, vive o morte, è casuale e non voluta dall'autore.

Nessuna parte di questo libro può essere riprodotta o archiviata in un sistema di recupero né trasmessa in qualsivoglia forma o mediante qualsiasi mezzo, elettronico, meccanico, tramite fotocopie o registrazioni o in altro modo, senza l'autorizzazione scritta esplicita dell'editore.

Codice ISBN: 9798399258072
Casa editrice: Independently published

Autore della copertina: greenmountainlab
Numero di controllo Library of Congress: 2018675309
Stampato negli Stati Uniti d'America

L'amore liquido sfida il concetto stesso di stabilità, spingendoci a nuotare con coraggio nell'oceano dell'incertezza emotiva, nel tentativo di cogliere le sfumature dell'autenticità e della libertà.

Introduzione

"Ci sono momenti nella storia in cui il terreno delle relazioni umane si frantuma sotto i nostri piedi, spingendoci in un territorio nuovo e sconosciuto. Questo territorio, che si è delineato in modo sempre più marcato negli ultimi decenni, è quello dell'amore liquido.

L'amore liquido rappresenta una nuova analisi delle relazioni odierne, un'osservazione lucida e spietata dei cambiamenti che hanno investito il mondo degli affetti e dell'amore. È un concetto che affascina e spaventa allo stesso tempo, che solleva domande complesse sulla natura delle relazioni umane e sul modo in cui ci innamoriamo.

Questo libro si propone di esplorare l'amore liquido, concentrandosi in particolare sulle esperienze degli adolescenti, ma non limitandosi ad essi. Infatti, l'incidenza dell'amore liquido non risparmia nessuna fascia d'età, coinvolgendo uomini e donne di ogni generazione. Ciò che rende l'amore liquido così affascinante (e, a volte, così doloroso) è la sua capacità di permeare ogni aspetto delle nostre vite, dalla sfera personale a quella sociale, dalla tecnologia alle dinamiche di potere.

Negli ultimi anni, siamo stati testimoni di un radicale mutamento nelle dinamiche delle relazioni umane. La società contemporanea ci spinge a vivere in modo sempre più individualista, a cercare la libertà personale e l'autorealizzazione. Eppure, questa stessa società ci trascina in un vortice di incertezza e precarietà, in cui le relazioni diventano fragili e sfuggenti.

I social media e le nuove tecnologie hanno accelerato questa trasformazione, offrendoci infinite possibilità di connessione, ma anche alimentando l'ansia dell'abbandono e la paura dell'impegno. Siamo costantemente bombardati da stimoli esterni che ci suggeriscono che l'erba è sempre più verde dall'altra parte, spingendoci a cercare continuamente l'eccitazione e il nuovo.

Ma cosa significa davvero vivere nell'amore liquido? Cosa comporta per gli adolescenti, che stanno facendo i primi passi nel mondo degli affetti, e per coloro che hanno già vissuto molte stagioni d'amore? Come possiamo navigare questo terreno instabile senza perdere di vista noi stessi?

Questo libro si propone di rispondere a queste domande, fornendo una guida esaustiva sull'amore liquido e le sue implicazioni nelle nostre vite. Attraverso un mix di analisi teoriche, studi di casi e interviste con esperti del settore, esploreremo le caratteristiche principali dell'amore liquido e i suoi effetti sulla psicologia individuale e sulle relazioni interpersonali.

Sarà un viaggio emozionante e a tratti scomodo, ma ci impegneremo a fornire strumenti e prospettive che ci permettano di comprendere e navigare l'amore liquido in modo più consapevole e gratificante. Speriamo che questo libro sia un faro nelle tenebre dell'incertezza, offrendo un po' di chiarezza e orientamento mentre esploriamo i sentieri dell'amore liquido.

Prepariamoci, quindi, a immergerci nel mondo dell'amore liquido, a scrutare negli occhi l'incertezza, l'instabilità e la sfida di innamorarsi oggi. Che questo viaggio ci porti a una maggiore comprensione di noi stessi e degli altri, e ci guidi verso la scoperta di un amore più autentico e gratificante."

Benvenuti nell'amore liquido

INDICE

1. Introduzione all'amore liquido

1.1 Definizione di amore liquido

L'amore liquido è un concetto proposto dal sociologo Zygmunt Bauman per descrivere un nuovo modo di vivere e sperimentare le relazioni amorose nella società contemporanea. La metafora del "liquido" fa riferimento alla natura fluente, instabile e priva di forma dell'amore liquido, che si discosta dall'amore "solido" delle generazioni passate, caratterizzato da relazioni stabili e durature.

L'amore liquido si contraddistingue per diverse caratteristiche fondamentali. Innanzitutto, c'è una crescente enfasi sull'individualismo e sulla libertà personale.

Nell'amore liquido, le persone sono spinte a cercare la realizzazione personale e l'autonomia, mettendo le proprie esigenze individuali al primo posto. Ciò si traduce in una maggiore propensione ad abbandonare le relazioni che non soddisfano completamente i propri desideri o che diventano troppo impegnative.

Un'altra caratteristica dell'amore liquido è l'incertezza e l'instabilità. Le relazioni diventano precarie e incerte, poiché le persone sono costantemente esposte a nuove opportunità e tentazioni. Questo senso di precarietà è alimentato dalla cultura del consumismo e dalla presenza onnipresente dei social media, che promuovono l'idea che esista sempre qualcosa di migliore appena dietro l'angolo.

L'amore liquido è anche caratterizzato dalla superficialità e dall'effimero. Le relazioni diventano spesso basate sull'apparenza e sull'attrazione fisica, piuttosto che su un profondo legame emotivo. Le persone tendono a investire meno tempo e sforzo nel costruire relazioni durature, preferendo piuttosto esperienze momentanee e superficiali.

Infine, c'è una continua ricerca dell'eccitazione e del nuovo nell'amore liquido. Le persone sono attratte dall'emozione dell'inizio di una relazione, ma possono rapidamente perdere interesse e desiderare qualcosa di diverso. Questo ciclo di ricerca continua di nuove esperienze e sensazioni porta a una mancanza di impegno e stabilità nelle relazioni.

In sintesi, l'amore liquido rappresenta un cambiamento profondo nel modo in cui viviamo e comprendiamo le relazioni amorose. È caratterizzato da un'attenzione crescente all'individualismo, dall'incertezza e dall'instabilità delle relazioni, dalla superficialità e dall'effimero, nonché dalla ricerca continua dell'eccitazione e del nuovo.

Questo concetto offre uno spunto per comprendere meglio le dinamiche delle relazioni nella società contemporanea e solleva interrogativi importanti sulle sfide e le opportunità che l'amore liquido porta con sé.

1.2 Origini del concetto

Le origini del concetto di amore liquido risalgono al sociologo polacco Zygmunt Bauman, che lo ha introdotto nel suo libro "Amore liquido: Sulla fragilità dei legami affettivi". Bauman ha coniato questo termine per descrivere un cambiamento fondamentale nelle relazioni amorose e nella società in generale.

Le radici dell'amore liquido possono essere rintracciate nel contesto storico e culturale del secondo dopoguerra. Durante questo periodo, il modello tradizionale di matrimonio e famiglia, caratterizzato dalla stabilità e dalla durata nel tempo, ha iniziato a vacillare. I valori sociali stavano cambiando rapidamente e le persone stavano diventando sempre più individualiste, orientate verso la realizzazione personale e la libertà.

Le trasformazioni sociali, economiche e culturali degli ultimi decenni hanno creato le basi per l'emergere dell'amore liquido. La globalizzazione, l'avvento delle tecnologie digitali e l'espansione del mercato del consumo hanno contribuito a plasmare le dinamiche delle relazioni amorose.

La globalizzazione ha reso il mondo più interconnesso, consentendo alle persone di incontrarsi e comunicare con individui provenienti da culture diverse. Questo ha ampliato le opportunità di connessione, ma ha anche reso le relazioni più incerte, poiché le persone si trovano ad affrontare una moltitudine di scelte e possibilità.

Le tecnologie digitali, come i social media e le app di incontri, hanno trasformato radicalmente il modo in cui le persone si incontrano e comunicano. Hanno reso le relazioni più accessibili e immediate, ma hanno anche introdotto nuove sfide. Le persone si trovano spesso a cercare l'approvazione e l'attenzione online, alimentando un senso di insoddisfazione e rendendo le relazioni più effimere.

Inoltre, la società dei consumi ha creato un'attitudine di ricerca continua della soddisfazione personale. Le persone sono spinte a cercare sempre qualcosa di nuovo e migliore, inclusi i partner romantici. Questa cultura del consumo ha infiltrato anche le relazioni amorose, promuovendo l'idea che l'amore sia un prodotto da consumare e scartare quando non soddisfa più le aspettative.

In conclusione, le origini del concetto di amore liquido risiedono nella combinazione di fattori sociali, culturali ed economici che hanno portato a una trasformazione delle relazioni amorose. Le dinamiche individualiste, l'interconnessione globale, l'impulso alla ricerca del nuovo e l'impatto delle tecnologie digitali sono solo alcuni degli elementi che hanno contribuito all'emergere dell'amore liquido come fenomeno sociale.

Comprendere le origini di questo concetto ci aiuta a contestualizzare e approfondire la sua comprensione nelle relazioni odierne.

1.3 L'amore liquido nella società contemporanea

L'amore liquido nella società contemporanea si riferisce a un modo di vivere le relazioni amorose caratterizzato da instabilità, incertezza e superficialità. È un concetto che riflette i cambiamenti sociali, culturali e tecnologici che hanno influenzato il modo in cui ci innamoriamo e costruiamo relazioni oggi.

Una delle principali caratteristiche dell'amore liquido è l'individualismo. Nella società contemporanea, si dà un'enorme importanza all'autorealizzazione e alla soddisfazione personale. Le persone cercano di perseguire i propri desideri e obiettivi individuali, mettendo spesso le proprie necessità al di sopra di quelle della relazione stessa. Questo può portare a una mancanza di impegno e stabilità, poiché le persone sono inclini a lasciare una relazione quando non si sentono più appagate o soddisfatte.

Un'altra caratteristica dell'amore liquido è l'abbondanza di scelte. Grazie alla globalizzazione e alle nuove tecnologie, abbiamo accesso a un'ampia gamma di opzioni in termini di potenziali partner. Questa vasta scelta può generare insicurezza e una costante ricerca di qualcosa di "migliore". Le persone possono essere tentate di passare rapidamente da una relazione all'altra, cercando costantemente esperienze nuove ed eccitanti.

L'avvento dei social media ha ulteriormente alimentato l'amore liquido. Piattaforme come Facebook, Instagram e app di incontri offrono una vetrina per le nostre vite, permettendo di presentarci sotto una luce ideale.

Questo può portare a una maggiore enfasi sull'aspetto esteriore e all'attrazione superficiale, a discapito di un vero legame emotivo. Inoltre, la presenza costante dei social media può alimentare l'ansia dell'abbandono e la paura di perdere le connessioni, poiché siamo costantemente esposti alle vite e alle opportunità degli altri.

L'amore liquido può anche portare a una maggiore effimerezza delle relazioni. Le persone possono evitare di affrontare conflitti o difficoltà, optando invece per la via più facile della separazione o dell'evitamento. Ciò può portare a una mancanza di profondità emotiva e di legami duraturi.

Tuttavia, è importante sottolineare che l'amore liquido non è tutto negativo. L'individualismo può promuovere l'autonomia e l'autorealizzazione personale, consentendo a ciascun individuo di perseguire i propri sogni e obiettivi. Inoltre, l'ampia scelta può offrire opportunità di connessione significative e autentiche.

In conclusione, l'amore liquido nella società contemporanea è caratterizzato da instabilità, incertezza e superficialità nelle relazioni amorose. L'individualismo, l'abbondanza di scelte e l'impatto dei social media sono solo alcuni dei fattori che contribuiscono a questo fenomeno.

Comprendere l'amore liquido ci aiuta a navigare meglio il mondo delle relazioni e a riflettere sul tipo di amore e connessione che desideriamo coltivare nella nostra vita.

2. Caratteristiche principali dell'amore liquido

2.1 L'individualismo e la libertà nell'amore liquido

L'individualismo e la libertà sono due temi centrali nell'amore liquido. Nella società contemporanea, c'è un'enfasi crescente sull'individualismo e sull'autonomia personale, che si riflette anche nelle relazioni amorose.

L'individualismo nell'amore liquido si manifesta attraverso la ricerca della realizzazione personale e la priorità delle esigenze individuali. Le persone sono spinte a mettere se stesse al centro delle proprie vite, cercando di soddisfare i propri desideri e obiettivi. Questo può significare che le persone sono meno disposte a compromessi o a sacrificare la propria libertà per una relazione.

La libertà nell'amore liquido è strettamente legata all'individualismo. Le persone desiderano avere il controllo sulla propria vita e le proprie scelte, comprese le relazioni amorose. La libertà di scegliere il proprio partner, di esplorare diverse opzioni e di rompere una relazione quando non si è più felici o soddisfatti diventa fondamentale.

L'individualismo e la libertà nell'amore liquido possono portare a un senso di precarietà e incertezza nelle relazioni. Poiché le persone sono concentrate sulle proprie esigenze individuali, potrebbero essere meno disposte a impegnarsi a lungo termine. Ciò può generare una sensazione di instabilità e una maggiore probabilità di separazione.

Tuttavia, è importante sottolineare che l'individualismo e la libertà non sono necessariamente negativi nell'amore liquido. Essi possono consentire a ciascun individuo di svilupparsi e crescere personalmente, e di cercare relazioni che siano autentiche e soddisfacenti. La libertà di scelta offre anche la possibilità di trovare un partner che sia più compatibile e che corrisponda ai propri desideri e bisogni.

D'altro canto, l'accento sull'individualismo e la libertà può anche portare a una maggiore difficoltà nella costruzione di relazioni profonde e durature. Quando l'autorealizzazione personale diventa la priorità assoluta, potrebbe esserci una tendenza a evitare il confronto o a lasciare una relazione quando si presentano difficoltà.

Ciò può contribuire a una certa superficialità e a un'incapacità di affrontare e superare le sfide che si presentano nelle relazioni.

In conclusione, l'individualismo e la libertà sono aspetti centrali nell'amore liquido. Mentre possono favorire l'autonomia e la ricerca della felicità personale, possono anche portare a una maggiore instabilità e incertezza nelle relazioni. È importante trovare un equilibrio tra il rispetto per se stessi e la considerazione degli altri, cercando di costruire relazioni autentiche e durature che soddisfino i nostri bisogni e desideri individuali.

2.2 L'incertezza e l'instabilità delle relazioni

L'incertezza e l'instabilità delle relazioni sono caratteristiche centrali dell'amore liquido. Questo fenomeno si manifesta attraverso la tendenza delle relazioni ad essere meno stabili e più incerte nel contesto della società contemporanea.

L'incertezza nell'amore liquido può derivare da diversi fattori. Uno di questi è l'ampia gamma di scelte disponibili. Viviamo in un'epoca in cui abbiamo accesso a una vasta rete di potenziali partner attraverso le tecnologie digitali e le app di incontri. Questo crea un senso di costante possibilità e una continua ricerca di qualcosa di "migliore". Le persone possono sentire di non poter stabilire una relazione duratura perché potrebbe esserci sempre qualcuno di più interessante o attraente in attesa di essere scoperto.

Inoltre, l'individualismo e la libertà che caratterizzano l'amore liquido possono alimentare l'incertezza. Quando l'autorealizzazione e la soddisfazione personale sono considerate priorità, si può creare un senso di insoddisfazione costante. Le persone potrebbero chiedersi se la loro relazione attuale sta effettivamente soddisfacendo le loro esigenze e desideri individuali. Questo può portare a dubbi e a una costante ricerca di qualcosa di più gratificante.

L'instabilità nell'amore liquido si manifesta attraverso la tendenza delle relazioni ad essere più effimere e meno impegnate. Le persone possono essere più inclini a lasciare una relazione quando si presentano difficoltà o insoddisfazioni, anziché impegnarsi a lavorare su di esse. L'idea di "prendere ciò che serve e andare avanti" può essere predominante, con una minore propensione a impegnarsi a lungo termine.

Inoltre, l'effimerezza delle relazioni nell'amore liquido è spesso alimentata dalla cultura del consumo. Viviamo in una società che ci insegna a cercare il nuovo e il migliore, anche quando si tratta di relazioni. Le persone possono sentire la pressione di rimanere costantemente "al passo" con le opportunità e le possibilità che si presentano, temendo di perdere qualcosa di meglio se rimangono in una relazione a lungo termine.

Tuttavia, è importante riconoscere che l'incertezza e l'instabilità delle relazioni nell'amore liquido non sono necessariamente negativi. Possono offrire la possibilità di esplorare diverse connessioni e di trovare quella più autentica e soddisfacente. Inoltre, questa fluidità può favorire la libertà individuale e il rispetto delle esigenze personali.

L'incertezza e l'instabilità delle relazioni sono caratteristiche salienti dell'amore liquido. L'ampia scelta, l'individualismo, la ricerca della soddisfazione personale e la cultura del consumo contribuiscono a questa dinamica. Tuttavia, è importante bilanciare l'autonomia individuale con l'importanza di costruire relazioni significative e durature, cercando di trovare un punto di equilibrio tra le nostre esigenze personali e il desiderio di connessione autentica con gli altri.

2.3 L'incertezza e l'instabilità delle relazioni

La superficialità e l'effimero sono aspetti chiave dell'amore liquido, che caratterizza molte relazioni nella società contemporanea. Queste caratteristiche riflettono una tendenza verso una connessione meno profonda e più temporanea.

La superficialità nell'amore liquido si riferisce alla prevalenza dell'aspetto esteriore e all'importanza data all'attrazione fisica. Nella società odierna, l'immagine e l'aspetto giocano un ruolo significativo nelle dinamiche relazionali. Le persone spesso si concentrano sull'aspetto estetico e sul modo in cui appaiono agli altri, sia nella vita reale che sui social media. L'attenzione è rivolta alla presentazione di un'immagine idealizzata di sé stessi, spesso filtrata attraverso filtri digitali e ritocchi fotografici. Questo può portare a una tendenza a valutare le persone principalmente in base all'aspetto esteriore, trascurando gli altri aspetti fondamentali delle relazioni come la compatibilità emotiva, i valori condivisi e la connessione profonda.

Inoltre, l'effimero nell'amore liquido si riferisce alla natura transitoria delle relazioni. Le persone sono spinte a cercare costantemente nuove esperienze, sensazioni ed emozioni. L'idea di "prendere ciò che serve e andare avanti" è prevalente, con una minore propensione a impegnarsi in relazioni a lungo termine. La paura di perdere opportunità o di rimanere intrappolati in una relazione che potrebbe non essere più soddisfacente alimenta questa mentalità. Le relazioni possono diventare più facilmente sostituibili e soggette a cambiamenti rapidi.

Un fattore che contribuisce alla superficialità e all'effimero nell'amore liquido è l'influenza dei social media e della cultura digitale. Le piattaforme come Instagram, Facebook e app di incontri favoriscono la creazione di un'immagine idealizzata di sé stessi e delle proprie relazioni. Le persone tendono a mostrare solo i momenti migliori delle loro vite, creando una percezione distorta della realtà. Questo può portare a una maggiore insicurezza e a una costante ricerca di qualcosa di più "perfetto" o "eccitante".

Tuttavia, è importante sottolineare che la superficialità e l'effimero non sono gli unici modi in cui le relazioni si sviluppano nella società contemporanea. Esistono anche relazioni basate sulla profondità emotiva, sulla connessione autentica e sulla volontà di impegnarsi nel superare le sfide. L'amore liquido non è una realtà universale per tutte le persone, ma piuttosto una tendenza che può influenzare le dinamiche relazionali.

La superficialità e l'effimero sono aspetti significativi dell'amore liquido. La prevalenza dell'aspetto esteriore e l'attenzione data alle apparenze, insieme alla natura transitoria delle relazioni, possono creare un senso di superficialità e insoddisfazione. Tuttavia, è importante essere consapevoli di queste dinamiche e cercare connessioni più autentiche e durature basate sulla compatibilità emotiva, sulla condivisione di valori e sulla volontà di impegnarsi per costruire una relazione significativa.

2.4 La ricerca continua dell'eccitazione e del nuovo

La ricerca continua dell'eccitazione e del nuovo è un aspetto rilevante dell'amore liquido, che influenza le dinamiche delle relazioni nella società contemporanea. Questa caratteristica si riferisce alla tendenza delle persone a cercare costantemente esperienze emozionanti e a desiderare sempre qualcosa di nuovo.

Nell'amore liquido, l'aspetto dell'eccitazione e del nuovo diventa cruciale. Le persone sono spinte dalla ricerca di emozioni forti e di stimoli sempre più intensi. Ciò può manifestarsi attraverso la continua ricerca di nuove esperienze, avventure e sensazioni. L'obiettivo diventa la ricerca costante di qualcosa di eccitante e stimolante, che mantenga vivo il brivido iniziale della relazione.

Questa ricerca dell'eccitazione e del nuovo può manifestarsi in diversi modi. Ad esempio, le persone possono sentirsi attratte dalla fase iniziale di una relazione, caratterizzata dalla passione e dall'attrazione intensa. Tuttavia, una volta che questa fase iniziale si affievolisce, possono sorgere insicurezze e il desiderio di cercare nuovi stimoli altrove.

Inoltre, la cultura digitale e l'accesso a un'ampia gamma di opzioni influenzano la ricerca dell'eccitazione e del nuovo nell'amore liquido. Le app di incontri e i social media offrono molteplici possibilità di connessione con nuove persone e di esplorazione di relazioni brevi e intense. Questo crea una sorta di "ossessione del nuovo", in cui le persone sono spinte a cercare costantemente qualcosa di più emozionante e stimolante, con la convinzione che ciò che è nuovo sia anche migliore.

Tuttavia, la ricerca continua dell'eccitazione e del nuovo può portare a un senso di insoddisfazione costante. Le persone possono sentirsi come se non fossero mai appagate completamente, perché si trovano costantemente alla ricerca di qualcosa di più emozionante e stimolante. Questa mentalità può rendere difficile la creazione di relazioni durature e profonde, in quanto il focus è spostato sulle esperienze momentanee piuttosto che sulla costruzione di connessioni significative.

È importante notare che la ricerca dell'eccitazione e del nuovo non è necessariamente negativa in sé stessa. L'essere aperti a nuove esperienze può arricchire la vita e consentire di scoprire nuovi aspetti di sé stessi e degli altri.

Tuttavia, è fondamentale trovare un equilibrio tra il desiderio di avventura e la capacità di costruire relazioni stabili e significative.

In conclusione, la ricerca continua dell'eccitazione e del nuovo è un aspetto rilevante dell'amore liquido. La ricerca di emozioni intense e di nuove esperienze può influenzare le dinamiche delle relazioni, spingendo le persone a cercare costantemente qualcosa di più stimolante. Tuttavia, è importante trovare un equilibrio tra la ricerca dell'eccitazione e la capacità di costruire relazioni solide e durature, basate sulla connessione autentica e sul reciproco impegno.

3. Come riconoscere l'amore liquido

3.1 Sintomi comuni dell'amore liquido negli adolescenti

Gli adolescenti sono particolarmente influenzati dall'amore liquido, che si manifesta attraverso sintomi comuni che possono essere osservati nel loro modo di vivere le relazioni amorose. Ecco alcuni sintomi comuni dell'amore liquido negli adolescenti:

1. Instabilità emotiva: Gli adolescenti spesso sperimentano una gamma ampia e variabile di emozioni durante le relazioni amorose. Possono passare rapidamente dalla felicità all'infelicità, dall'eccitazione alla delusione. Questa instabilità emotiva può essere attribuita alla natura incerta delle relazioni liquide, in cui le aspettative possono cambiare rapidamente.

2. Focalizzazione sull'immagine e sull'apparire: Gli adolescenti spesso si preoccupano molto di come appaiono agli occhi degli altri. L'influenza dei social media e la pressione dei coetanei possono portarli a mettere molta attenzione sull'immagine che proiettano e sulla loro popolarità. Ciò può influenzare la scelta dei partner e l'importanza data all'attrazione fisica.

3. Paura dell'impegno: Gli adolescenti tendono ad essere riluttanti ad impegnarsi in relazioni a lungo termine. La paura di perdere opportunità o di sentirsi intrappolati può portare ad una tendenza a mantenere le opzioni aperte e a evitare impegni seri. Questa paura dell'impegno può essere un sintomo dell'amore liquido, in cui la volatilità delle relazioni è comune.

4. Ricerca di emozioni intense: Gli adolescenti spesso cercano esperienze forti ed emozioni intense nelle loro relazioni. Sono attratti dalle sensazioni di passione e di avventura, spingendosi a cercare costantemente nuovi stimoli. Questa ricerca di emozioni intense può portare a relazioni brevi e poco stabili.

5. Dipendenza dai social media: Gli adolescenti trascorrono molto tempo sui social media e spesso utilizzano le piattaforme online come strumento per costruire e mantenere relazioni amorose. Tuttavia, questa dipendenza dai social media può anche contribuire alla superficialità delle relazioni e alla tendenza a cercare gratificazione immediata piuttosto che a impegnarsi in relazioni significative.

È importante sottolineare che non tutti gli adolescenti manifestano tutti questi sintomi e che ogni individuo è unico. Tuttavia, questi sono alcuni degli aspetti comuni dell'amore liquido che possono essere osservati nel comportamento degli adolescenti nelle relazioni amorose.

Gli adolescenti spesso mostrano sintomi comuni dell'amore liquido, tra cui instabilità emotiva, focalizzazione sull'immagine, paura dell'impegno, ricerca di emozioni intense e dipendenza dai social media. Riconoscere questi sintomi può aiutare a comprendere meglio le dinamiche delle relazioni degli adolescenti e a fornire un supporto adeguato per la loro crescita emotiva e relazionale.

3.2 Sintomi comuni dell'amore liquido negli adulti

Anche negli adulti, l'amore liquido può manifestarsi attraverso sintomi comuni che possono essere riconosciuti nelle dinamiche delle loro relazioni amorose. Ecco alcuni sintomi comuni dell'amore liquido negli adulti:

1. Paura dell'impegno a lungo termine: Gli adulti che sperimentano l'amore liquido spesso mostrano una certa reticenza nell'impegnarsi in relazioni stabili e durature. Possono essere riluttanti a fare piani a lungo termine o a prendere decisioni che coinvolgono un impegno significativo. La paura di sentirsi intrappolati o di perdere la propria libertà può essere un sintomo dell'amore liquido negli adulti.

2. Mancanza di chiarezza e definizione: Le relazioni liquide degli adulti spesso mancano di chiarezza e definizione. Le persone possono essere coinvolte in situazioni ambigue come le "relazioni aperte" o le "amici con benefici", in cui i confini e gli accordi sono sfocati. Questa mancanza di chiarezza può portare a una maggiore incertezza e a difficoltà nella costruzione di legami stabili.

3. Rapide transizioni da una relazione all'altra: Gli adulti che vivono l'amore liquido tendono a passare rapidamente da una relazione all'altra. Possono essere attratti dalle nuove opportunità e dall'emozione delle prime fasi di una relazione, ma faticano a mantenere una connessione a lungo termine. Questo comportamento può essere influenzato dalla ricerca costante di esperienze nuove ed eccitanti.

4. Centrarsi sull'autorealizzazione e l'individualismo: Nell'amore liquido, gli adulti tendono a mettere l'accento sull'autorealizzazione e sull'individualismo. Le loro decisioni amorose sono spesso guidate dal desiderio di soddisfare i propri bisogni e desideri personali, con una minore attenzione data alla compatibilità a lungo termine o all'impegno reciproco. L'individualismo prevale sulle esigenze della coppia, e questo può portare a una maggiore frammentazione delle relazioni.

5. Ricerca costante di emozioni intense: Gli adulti che vivono l'amore liquido possono cercare costantemente emozioni intense e stimoli nuovi nelle loro relazioni. Sono attratti dall'emozione iniziale della passione e dell'eccitazione, ma possono sentirsi insoddisfatti una volta che questa fase si affievolisce. Questa ricerca costante di emozioni intense può rendere difficile la costruzione di una connessione profonda e duratura.

È importante sottolineare che questi sintomi non si applicano a tutti gli adulti e che ogni individuo è unico. Tuttavia, questi sono alcuni degli aspetti comuni dell'amore liquido che possono essere rilevati nelle dinamiche delle relazioni degli adulti.

L'amore liquido negli adulti può manifestarsi attraverso sintomi comuni come la paura dell'impegno, la mancanza di chiarezza, le transizioni rapide da una relazione all'altra, la centralità dell'autorealizzazione e la ricerca di emozioni intense. Comprendere questi sintomi può aiutare a riconoscere le dinamiche delle relazioni amorose degli adulti e a promuovere una maggiore consapevolezza nella costruzione di legami significativi.

3.3 Il ruolo della tecnologia nelle relazioni liquide adolescenziali

La tecnologia ha un ruolo significativo nelle relazioni liquide degli adolescenti, influenzando il modo in cui si connettono e comunicano tra di loro. Vediamo in dettaglio il suo ruolo:

1. Facilità di connessione: La tecnologia, in particolare i social media e le app di messaggistica, offrono agli adolescenti la possibilità di connettersi con facilità e rapidità. Possono stabilire contatti con nuove persone, stringere amicizie e iniziare relazioni romantiche online. La tecnologia amplia le possibilità di incontri e connessioni, consentendo agli adolescenti di espandere il loro cerchio sociale.

2. Costruzione dell'identità: I social media offrono agli adolescenti una piattaforma per esplorare e presentare la propria identità. Possono curare la loro immagine, condividere interessi e ottenere riscontri dai loro amici online. Questo può influenzare le dinamiche delle relazioni, poiché gli adolescenti spesso si basano sulla percezione virtuale che gli altri hanno di loro per costruire connessioni.

3. Comunicazione costante: La tecnologia permette agli adolescenti di rimanere costantemente connessi tra di loro. Possono scambiarsi messaggi istantanei, condividere foto, video e stati su piattaforme sociali. Questa costante comunicazione digitale può influenzare il ritmo delle relazioni, poiché gli adolescenti si aspettano risposte immediate e possono sentirsi frustrati se non ottengono una risposta immediata.

4. Effetto delle aspettative virtuali: La tecnologia può creare aspettative irrealistiche nelle relazioni. Gli adolescenti spesso si confrontano con immagini idealizzate di amore e romanticismo sui social media, e questo può influenzare le loro aspettative e il modo in cui percepiscono le proprie relazioni. Possono cercare esperienze simili a quelle che vedono online, mettendo a confronto la realtà delle loro relazioni con un ideale virtuale.

5. Impatto sulla comunicazione faccia a faccia: L'uso eccessivo della tecnologia può influenzare la comunicazione faccia a faccia degli adolescenti. Possono preferire la comunicazione digitale rispetto al contatto diretto, cosa che può portare a una minore capacità di comunicare e di gestire le emozioni nelle relazioni offline. Questa dipendenza dalla tecnologia può ridurre la profondità delle interazioni personali.

6. Esposizione a rischi online: L'uso della tecnologia può esporre gli adolescenti a rischi online, come il cyberbullismo, l'invio di immagini intime non consensuali e l'intrusione nella privacy. Questi rischi possono influenzare negativamente le relazioni e la fiducia tra gli adolescenti.

È importante che gli adolescenti sviluppino una consapevolezza critica sull'uso della tecnologia nelle relazioni. Devono comprendere i suoi vantaggi e rischi, nonché la necessità di bilanciare l'interazione digitale con l'interazione faccia a faccia per costruire relazioni sane e significative.

In conclusione, la tecnologia ha un ruolo significativo nelle relazioni liquide degli adolescenti. Facilita la connessione, influisce sulla costruzione dell'identità, permette una comunicazione costante, crea aspettative virtuali, può influenzare la comunicazione offline e comporta rischi online. Gli adolescenti devono essere guidati nell'uso consapevole e bilanciato della tecnologia per sviluppare relazioni sane e autentiche.

3.4 Il ruolo della tecnologia nelle relazioni liquide adulte

Anche nelle relazioni liquide degli adulti, la tecnologia gioca un ruolo significativo, influenzando la dinamica delle connessioni e delle comunicazioni. Vediamo nel dettaglio il suo ruolo:

1. Amplificazione delle possibilità di incontri: La tecnologia, come le app di incontri e i social media, offre agli adulti una vasta gamma di opportunità di incontri e connessioni. Le piattaforme online consentono di entrare in contatto con persone che altrimenti potrebbero non essere state raggiunte. Questo amplifica le possibilità di sperimentare relazioni liquide, in cui le connessioni possono essere rapide e temporanee.

2. Comunicazione virtuale: La tecnologia facilita la comunicazione virtuale nelle relazioni degli adulti. Messaggi di testo, chiamate video, e-mail e social media permettono una costante connessione a distanza. Tuttavia, questa comunicazione può mancare di profondità e intimità, a causa della mancanza di contatto fisico e di sfumature emotive che caratterizzano l'interazione faccia a faccia.

3. Creazione di un'immagine desiderabile: La tecnologia offre agli adulti la possibilità di presentarsi in un modo desiderabile attraverso l'uso dei social media e la cura della propria immagine online. Questo può portare a una costruzione di identità e una presentazione di sé che possono differire dalla realtà, contribuendo alla superficialità delle relazioni liquide.

4. Accesso a molteplici opzioni: Grazie alla tecnologia, gli adulti hanno accesso a un'ampia gamma di opzioni per le loro relazioni. Possono interagire con molte persone contemporaneamente, aumentando la probabilità di incontri e connessioni effimere. La tecnologia favorisce un atteggiamento di "shopping" delle relazioni, in cui si ricerca costantemente il nuovo e l'eccitante.

5. Dipendenza dalla tecnologia: L'uso eccessivo della tecnologia può creare dipendenza e influenzare negativamente la qualità delle relazioni. Gli adulti possono essere costantemente distratti dai loro dispositivi, focalizzandosi sulla comunicazione virtuale piuttosto che sulle relazioni reali. Ciò può portare a una mancanza di impegno e alla superficialità delle connessioni.

6. Potenziali rischi e sfide: L'utilizzo della tecnologia nelle relazioni adulte può comportare rischi e sfide. Questi includono la condivisione non consensuale di informazioni personali, la possibilità di essere vittime di truffe o di violazioni della privacy e la mancanza di autenticità nelle interazioni online. È fondamentale adottare misure di sicurezza e mantenere una consapevolezza critica nell'uso della tecnologia nelle relazioni.

La tecnologia svolge un ruolo significativo nelle relazioni liquide degli adulti, amplificando le possibilità di incontri, facilitando la comunicazione virtuale, influenzando l'immagine proiettata, offrendo molteplici opzioni e creando dipendenza. È importante che gli adulti mantengano un equilibrio tra l'uso della tecnologia e l'interazione faccia a faccia, nonché che comprendano i potenziali rischi e le sfide associate all'uso della tecnologia nelle relazioni.

3.5 Il concetto di "dating" e il mercato amoroso

Il concetto di "dating" si riferisce a un processo di ricerca di un potenziale partner romantico o sessuale. È un'attività che coinvolge l'incontro di persone, con l'obiettivo di conoscere meglio l'altra persona e valutare se ci sia una compatibilità emotiva, fisica e mentale per una possibile relazione romantica.

Nel contesto dell'"amore liquido", un termine coniato dal sociologo Zygmunt Bauman, il mercato amoroso assume caratteristiche particolari. L'amore liquido descrive la tendenza contemporanea a evitare relazioni a lungo termine e a preferire connessioni brevi e superficiali. Questo può essere attribuito a vari fattori sociali, come l'individualismo, la flessibilità lavorativa e la tecnologia moderna, che rende più facile connettersi con nuove persone.

Nel mercato amoroso dell'amore liquido, il concetto di "dating" diventa ancora più complesso. Le dinamiche tradizionali di corteggiamento sono state influenzate dall'uso diffuso delle app di incontri e dei social media. Questi strumenti consentono alle persone di entrare in contatto con una vasta gamma di potenziali partner, creando un'ampia scelta e un senso di "convenienza" nell'incontrarsi.

Tuttavia, questo aumento di opportunità ha anche portato ad un aumento dell'ansia da scelta. Con così tante opzioni disponibili, le persone possono sentirsi sopraffatte nel prendere una decisione su chi incontrare o con chi intraprendere una relazione.

La tendenza a cercare sempre "qualcosa di migliore" può portare a una mancanza di impegno e alla paura di commettere, mantenendo così un senso di instabilità nel mercato amoroso.

Inoltre, l'aspetto digitale del "dating" nell'amore liquido può portare a una serie di sfide. Le interazioni online possono essere impersonali e basate sull'aspetto esteriore, con un'attenzione particolare alle foto e alle descrizioni brevi. Ciò può creare un'illusione di connessione superficiale, dove le persone sono valutate principalmente sulla base dell'attrazione fisica. Questo può alimentare un ciclo di incontri casuali e incontri deludenti, poiché le aspettative spesso non corrispondono alla realtà.

Nel contesto dell'amore liquido, le relazioni romantiche possono essere considerate come oggetti di consumo, soggette a un'economia di mercato. Le persone cercano di massimizzare i loro "guadagni" affettivi, cercando costantemente la soddisfazione emotiva e sessuale. Tuttavia, questa mentalità consumistica può portare a una mancanza di stabilità e a un costante desiderio di cambiamento.

Ciò non significa che tutte le relazioni nell'amore liquido siano superficiali o prive di significato. Alcune persone possono trovare relazioni significative e durature nonostante le sfide presenti nel mercato amoroso contemporaneo. Tuttavia, è importante riconoscere che il concetto di "dating" e le dinamiche del mercato amoroso sono profondamente influenzati dalla società in cui viviamo e dalle nostre aspettative personali.

In conclusione, il concetto di "dating" nell'amore liquido si riferisce a un processo di connessione con potenziali partner romantici o sessuali, caratterizzato da una vasta scelta, una maggiore ansia da scelta e una tendenza a relazioni brevi e superficiali. Le dinamiche del mercato amoroso contemporaneo sono influenzate dalla tecnologia, dall'individualismo e dalla paura di commettere. Tuttavia, è possibile trovare relazioni significative nonostante queste sfide, ma richiede una consapevolezza delle influenze sociali e personali che modellano il mercato amoroso.

4. Teorie e approcci all'amore liquido

4.1 Zygmunt Bauman e la teoria dell'amore liquido negli adolescenti

Zygmunt Bauman è stato un sociologo polacco noto per il suo concetto di "amore liquido". Secondo Bauman, viviamo in una società caratterizzata dall'incertezza e dal cambiamento costante, dove le relazioni sono diventate sempre più fragili e temporanee.

La teoria dell'amore liquido si applica anche agli adolescenti, che sono in una fase della vita in cui stanno esplorando la propria identità e le relazioni romantiche. Gli adolescenti spesso sperimentano un'ampia gamma di emozioni e desideri, e le loro relazioni tendono ad essere più volatili rispetto a quelle degli adulti.

Nell'amore liquido degli adolescenti, le dinamiche sono influenzate da vari fattori. Innanzitutto, la cultura dei social media e delle app di incontri ha un impatto significativo. Gli adolescenti sono costantemente connessi e hanno accesso a una moltitudine di potenziali partner. Questo può creare un senso di competizione e di costante ricerca di qualcuno di nuovo o di "migliore".

Inoltre, la pressione sociale e le aspettative dei coetanei possono giocare un ruolo importante nelle relazioni degli adolescenti. L'immagine di sé e la popolarità possono essere influenzate dal fatto di avere un partner o di essere considerati attraenti dal punto di vista romantico. Ciò può portare a una tendenza a cercare relazioni superficiali e a volte basate sull'apparenza esteriore, piuttosto che su una connessione emotiva più profonda.

Gli adolescenti spesso sperimentano anche l'instabilità emotiva e l'insicurezza che sono tipiche di questa fase della vita. Sono alla ricerca di se stessi e possono avere difficoltà a stabilire una relazione stabile e duratura. Questo può portare a una serie di incontri casuali o a relazioni che durano solo per un breve periodo di tempo.

Tuttavia, non bisogna generalizzare tutte le relazioni degli adolescenti come superficiali o prive di significato. Alcuni giovani sono in grado di sviluppare relazioni profonde e significative nonostante le sfide presenti nell'amore liquido. Queste relazioni richiedono comunicazione aperta, fiducia reciproca e impegno da entrambe le parti.

È importante anche riconoscere che l'amore liquido negli adolescenti può avere conseguenze emotive. Le frequenti rotture e cambiamenti di partner possono causare sensazioni di tristezza, delusione e scarsa autostima. Gli adolescenti dovrebbero essere sostenuti nel comprendere l'importanza della cura di sé e della gestione delle emozioni durante questo periodo turbolento.

In conclusione, Zygmunt Bauman ha introdotto il concetto di "amore liquido", che può essere applicato anche alle relazioni romantiche degli adolescenti. Le dinamiche dell'amore liquido negli adolescenti sono influenzate dalla cultura dei social media, dalle aspettative dei coetanei e dall'instabilità emotiva tipica di questa fase della vita. Nonostante le sfide, è possibile sviluppare relazioni significative, ma richiede comunicazione aperta, impegno e una buona gestione delle emozioni.

4.2 Zygmunt Bauman e la teoria dell'amore liquido negli adulti

La teoria dell'amore liquido negli adulti si riferisce alla tendenza a evitare relazioni a lungo termine e ad abbracciare connessioni brevi e superficiali. Questo può essere attribuito a vari fattori sociali e culturali che influenzano le dinamiche delle relazioni nella nostra epoca.

Uno dei principali fattori è l'individualismo diffuso nella società moderna. Gli individui sono spesso incentivati a perseguire i propri desideri e interessi personali, mettendo in secondo piano le relazioni a lungo termine. Questo porta a una mentalità orientata al consumo, in cui le persone cercano relazioni che soddisfino le loro esigenze emotive, sessuali o sociali nel breve termine, senza un impegno duraturo.

Inoltre, il concetto di "amore liquido" negli adulti è influenzato anche dalla flessibilità lavorativa e dai cambiamenti economici. Le persone sono spesso costrette a spostarsi frequentemente per motivi di lavoro, creando difficoltà nella costruzione e nel mantenimento di relazioni stabili. Questo può portare a una serie di connessioni superficiali o fugaci, in cui le persone preferiscono non impegnarsi troppo emotivamente per paura di perdere la propria libertà o di essere limitate dai vincoli delle relazioni a lungo termine.

La tecnologia moderna, come le app di incontri e i social media, ha anche un impatto significativo sull'amore liquido negli adulti. Questi strumenti offrono un'ampia scelta di potenziali partner e facilitano l'incontro e la connessione con altre persone.

Tuttavia, possono anche contribuire a un senso di superficialità e alla riduzione delle relazioni a una sorta di "merce di consumo", in cui le persone sono giudicate principalmente sull'aspetto esteriore o su criteri superficiali.

Nel contesto dell'amore liquido negli adulti, le relazioni possono diventare più fragili e soggette a cambiamenti repentini. La paura di impegnarsi e la ricerca costante di "qualcosa di migliore" possono portare a una mancanza di stabilità e a una continua insoddisfazione. Le persone possono rimanere intrappolate in un ciclo infinito di incontri casuali, spesso provando una sensazione di vuoto emotivo o di insoddisfazione.

Tuttavia, è importante notare che non tutte le relazioni negli adulti seguono il modello dell'amore liquido. Alcune persone sono in grado di sviluppare relazioni significative e impegnate nonostante le sfide presenti nella società contemporanea. Queste relazioni richiedono una maggiore consapevolezza, comunicazione aperta, impegno reciproco e la volontà di affrontare le difficoltà che possono sorgere lungo il percorso.

In conclusione, la teoria dell'amore liquido di Zygmunt Bauman descrive le dinamiche delle relazioni negli adulti nella nostra società attuale. Le influenze dell'individualismo, della flessibilità lavorativa, della tecnologia e della cultura del consumo contribuiscono alla tendenza a evitare relazioni stabili e a preferire connessioni brevi e superficiali. Tuttavia, è possibile costruire relazioni significative e durature attraverso una maggiore consapevolezza e impegno.

4.3 Ulteriori prospettive teoriche sull'amore liquido

Oltre alla teoria dell'amore liquido di Zygmunt Bauman, ci sono altre prospettive teoriche che hanno contribuito alla comprensione dell'amore liquido e delle dinamiche delle relazioni contemporanee. Vediamo alcune di queste prospettive:

1. Teoria dell'individualizzazione: La Teoria dell'individualizzazione nel contesto dell'amore liquido è stata sviluppata dal sociologo Anthony Giddens. Questa teoria sostiene che nella società moderna le persone hanno un maggior controllo sulle proprie scelte romantiche rispetto al passato. L'individualizzazione si riferisce al processo attraverso il quale le persone assumono la responsabilità delle proprie scelte e del proprio destino, e questo si riflette anche nelle dinamiche delle relazioni amorose.

Secondo Giddens, l'individualizzazione nell'amore liquido si manifesta attraverso due principali aspetti: la riflessività e la plasticità delle relazioni.

La riflessività si riferisce alla consapevolezza che le persone hanno delle proprie scelte romantiche. Nell'amore liquido, le persone sono più consapevoli delle loro preferenze, desideri e bisogni emotivi. Non si basano più solo sulle tradizioni, le convenzioni sociali o i ruoli di genere predefiniti per determinare le loro scelte amorose. Ciò significa che le persone sono più inclini a cercare un partner che sia compatibile con le loro esigenze e i loro obiettivi personali.

La plasticità, invece, si riferisce alla flessibilità delle relazioni nell'amore liquido. Le persone sono più aperte a cambiamenti e trasformazioni all'interno delle relazioni. Le relazioni non sono più considerate come qualcosa di statico o definitivo, ma come un percorso di crescita personale e di esplorazione emotiva. Ciò implica che le persone possono sperimentare diverse fasi o transizioni nelle loro relazioni, adattandosi ai cambiamenti personali e alle nuove opportunità che si presentano.

Secondo Giddens, l'individualizzazione nell'amore liquido offre alle persone una maggiore libertà di scelta e di espressione delle proprie emozioni e desideri. Tuttavia, questa maggiore libertà porta anche a una maggiore responsabilità nell'assumere decisioni e gestire le relazioni. Le persone devono fare i conti con la necessità di negoziare, comunicare e prendere decisioni consapevoli all'interno delle loro relazioni.

Un aspetto rilevante della Teoria dell'individualizzazione è che questa maggiore libertà e responsabilità possono comportare anche incertezza e ansia. Poiché le relazioni amorose sono più fluide e aperte al cambiamento, le persone possono sperimentare un senso di insicurezza o di instabilità. L'individualizzazione richiede quindi una costante negoziazione e adattamento all'interno delle relazioni.

La Teoria dell'individualizzazione nell'amore liquido sottolinea il ruolo centrale che l'individuo svolge nelle dinamiche delle relazioni contemporanee. L'individualizzazione implica una maggiore consapevolezza delle scelte romantiche, una maggiore flessibilità nelle relazioni e una responsabilità individuale nell'assumere decisioni e gestire le relazioni.

Tuttavia, l'individualizzazione può anche comportare incertezza e ansia dovute alla natura fluida delle relazioni nell'amore liquido.

2. Capitalismo affettivo: La teoria del "capitalismo affettivo" nell'amore liquido, proposta da Eva Illouz, mette in evidenza la connessione tra l'amore liquido e i valori del capitalismo e della cultura consumistica.

Secondo questa prospettiva, il capitalismo affettivo si riferisce al modo in cui l'amore e le relazioni intime sono influenzati dal mercato e dalla logica del consumo. Nella società contemporanea, le relazioni amorose sono spesso considerate come "merce" o come un investimento emotivo.

In un contesto capitalista, siamo abituati a pensare alla soddisfazione dei nostri bisogni attraverso l'acquisto di beni materiali. Tuttavia, nel capitalismo affettivo, questa logica viene estesa anche alle relazioni. Le persone tendono a cercare un partner che soddisfi determinati criteri o "esigenze" emotive, come l'affetto, la sicurezza, l'attrazione fisica o il supporto finanziario.

La cultura del consumo gioca un ruolo importante nell'amore liquido. Attraverso i media, le app di incontri e i social media, siamo costantemente esposti a messaggi che ci spingono a cercare l'amore ideale o il partner perfetto. Le immagini idealizzate dell'amore e delle relazioni che vediamo nei film, nelle pubblicità o nelle rappresentazioni mediatiche influenzano le nostre aspettative e ci spingono a cercare sempre qualcosa di "migliore".

Inoltre, la società del consumo promuove l'idea che le persone siano responsabili del loro benessere emotivo e che abbiano il diritto di soddisfare i propri desideri e bisogni personali. Questa mentalità individualista spinge le persone a cercare la felicità attraverso le relazioni amorose, cercando di massimizzare il proprio piacere e la propria gratificazione emotiva.

Il capitalismo affettivo può anche portare a una sorta di "iperselezione" dei partner. Con un'ampia gamma di opzioni disponibili attraverso le app di incontri o i siti web specializzati, le persone sono spinte a cercare sempre il "miglior" partner possibile, come se fossero impegnate in una sorta di "shopping" delle relazioni. Questa logica consumistica può portare a una mentalità di scarto rapido, in cui le persone tendono a interrompere le relazioni se non soddisfano immediatamente le loro aspettative.

Tuttavia, questa logica del consumo e dell'iperselezione può anche creare insoddisfazione e frustrazione. Le persone possono sentirsi sempre alla ricerca di qualcosa di "migliore", senza mai essere pienamente soddisfatte. Inoltre, le aspettative irrealistiche create dalla cultura del consumo possono portare a una costante delusione e alla difficoltà di stabilire relazioni durature e significative.

In sintesi, la teoria del capitalismo affettivo nell'amore liquido sottolinea come i valori del capitalismo e della cultura consumistica influenzino le dinamiche delle relazioni amorose.

Questa prospettiva mette in luce come l'amore sia spesso considerato come un bene da acquistare e consumare, con l'accento sulla soddisfazione immediata e sulla ricerca del partner ideale. Tuttavia, questa logica consumistica può anche portare a insoddisfazione, frustrazione e una difficoltà nel costruire relazioni autentiche e durature.

3. Sociologia del genere: La prospettiva della sociologia del genere nel contesto dell'amore liquido analizza le dinamiche delle relazioni amorose considerando le disuguaglianze di genere e i ruoli socialmente costruiti.

Secondo questa prospettiva, le aspettative sociali e le norme di genere influenzano le scelte e le esperienze amorose delle persone. Nella società contemporanea, sono ancora presenti stereotipi di genere che definiscono i comportamenti e i ruoli che ci si aspetta che uomini e donne assumano nelle relazioni.

Ad esempio, alle donne potrebbe essere richiesto di essere più "empatiche" e "premurose", di dedicarsi alla cura degli altri e di cercare sicurezza economica in un partner. Gli uomini, d'altra parte, potrebbero essere socializzati a essere più "assertivi" e "dominanti", e potrebbero sentirsi spinti a dimostrare la loro mascolinità attraverso il successo professionale o l'accumulo di risorse.

Questi ruoli di genere tradizionali possono influenzare le scelte amorose e le aspettative all'interno delle relazioni. Ad esempio, alcune donne potrebbero sentirsi obbligate a cercare un partner che sia economicamente stabile, mentre agli uomini potrebbe essere richiesto di assumere il ruolo di "provveditore".

Tuttavia, la prospettiva della sociologia del genere mette in discussione questi stereotipi e ruoli di genere rigidi. Sottolinea come le aspettative di genere possano limitare la libertà delle persone di esprimere se stesse e di cercare relazioni basate sulla parità e sul rispetto reciproco.

Nell'amore liquido, le persone sono incoraggiate a sfidare e rinegoziare queste aspettative di genere. La prospettiva della sociologia del genere promuove una visione delle relazioni amorose basate sull'uguaglianza e sulla condivisione delle responsabilità, piuttosto che sulla riproduzione dei ruoli tradizionali di genere.

Questa prospettiva mette in luce anche le disuguaglianze di genere che possono persistere all'interno delle relazioni, come la divisione del lavoro domestico non equa o la presenza di violenza di genere. Sottolinea l'importanza di una consapevolezza critica dei ruoli di genere e di una lotta per la giustizia di genere all'interno delle relazioni amorose.

In conclusione, la prospettiva della sociologia del genere nell'amore liquido mette in evidenza come le aspettative e le norme di genere influenzino le dinamiche delle relazioni. Promuove una visione delle relazioni basata sull'uguaglianza di genere e sulla sfida degli stereotipi tradizionali, invitando alla consapevolezza critica e all'azione per la giustizia di genere nelle relazioni amorose.

4. Sociologia delle emozioni: La sociologia delle emozioni nel contesto dell'amore liquido esplora il ruolo delle emozioni nella formazione, nello sviluppo e nella gestione delle relazioni amorose.

Secondo questa prospettiva, le emozioni svolgono un ruolo centrale nelle dinamiche delle relazioni e nella costruzione del significato dell'amore. Le emozioni influenzano le scelte dei partner, le interazioni quotidiane, la comunicazione e la stabilità delle relazioni.

Nell'amore liquido, le emozioni possono assumere una particolare rilevanza poiché le relazioni sono caratterizzate da una maggiore flessibilità e da una minore stabilità rispetto al passato. Le persone possono sperimentare una vasta gamma di emozioni, come l'attrazione, l'entusiasmo, l'amore, la gelosia, la delusione o l'ansia.

La sociologia delle emozioni analizza come le emozioni vengono costruite socialmente all'interno delle relazioni amorose. Le emozioni non sono considerate come esperienze individuali isolate, ma come risultato di processi sociali, culturali e relazionali.

Ad esempio, le norme sociali e culturali possono influenzare la percezione delle emozioni e la loro espressione nelle relazioni. Alcune emozioni possono essere incoraggiate o valorizzate, mentre altre possono essere considerate inaccettabili o indesiderate. Ciò può influenzare la comunicazione emotiva all'interno delle relazioni e la capacità di esprimere i sentimenti in modo aperto e sincero.

Inoltre, le emozioni possono essere influenzate dal contesto sociale e dalle interazioni reciproche. Le reazioni emotive di un partner possono innescare o influenzare le emozioni di un'altra persona. Ad esempio, un comportamento di gelosia può provocare sentimenti di insicurezza o di rabbia nell'altro partner.

La sociologia delle emozioni mette anche in evidenza come le emozioni possano essere gestite e regolate nelle relazioni. Le persone possono adottare strategie emotive per controllare, nascondere o amplificare le proprie emozioni al fine di gestire le dinamiche relazionali. Queste strategie possono variare a seconda del contesto culturale e sociale in cui si svolgono le relazioni.

Inoltre, la sociologia delle emozioni esplora come le emozioni possono essere influenzate dalle strutture di potere e dalle disuguaglianze sociali. Ad esempio, le persone possono sperimentare emozioni diverse a seconda del loro status sociale, del genere, dell'etnia o di altre dimensioni di disuguaglianza. Le relazioni possono essere influenzate da queste disuguaglianze emotive, creando dinamiche di potere e gerarchie emotive.

In conclusione, la sociologia delle emozioni nell'amore liquido analizza il ruolo delle emozioni nelle relazioni amorose, considerandole come fenomeni socialmente costruiti e influenzati dal contesto culturale, dalle interazioni reciproche e dalle disuguaglianze sociali. Questa prospettiva ci aiuta a comprendere come le emozioni influenzino la formazione e la gestione delle relazioni amorose nel contesto dell'amore liquido.

5. Psicologia dell'attaccamento: La psicologia dell'attaccamento nel contesto dell'amore liquido esplora come i modelli di attaccamento influenzino le dinamiche e le esperienze nelle relazioni amorose.

Secondo la teoria dell'attaccamento, gli esseri umani hanno una tendenza innata a cercare la vicinanza e la connessione emotiva con gli altri. Questo bisogno di attaccamento si sviluppa fin dall'infanzia e continua a influenzare le nostre relazioni durante l'età adulta, comprese le relazioni amorose.

Nel contesto dell'amore liquido, in cui le relazioni sono caratterizzate da una maggiore flessibilità e instabilità, i modelli di attaccamento possono giocare un ruolo importante nella forma in cui ci impegniamo emotivamente e intessiamo legami con i nostri partner.

Ci sono tre principali modelli di attaccamento: sicuro, insicuro-evitante e insicuro-ansioso. Le persone con un attaccamento sicuro si sentono a loro agio nell'essere vicine agli altri, si fidano degli altri e si sentono sicure nell'esprimere le proprie emozioni. Hanno una visione positiva di se stessi e degli altri, e sono in grado di bilanciare l'autonomia con l'intimità.

Le persone con un attaccamento insicuro-evitante tendono ad evitare l'intimità e a mantenere una distanza emotiva. Possono avere paura dell'abbandono e cercano di essere autosufficienti per evitare il rischio di essere feriti. Tendono a minimizzare l'importanza delle relazioni o a sottostimare le proprie esigenze emotive.

Le persone con un attaccamento insicuro-ansioso sono preoccupate di essere abbandonate e possono essere molto dipendenti emotivamente dai loro partner. Possono manifestare una costante ricerca di rassicurazione e una paura costante di essere respinte. Tendono ad avere una visione negativa di se stessi e una visione ambivalente degli altri.

Nell'amore liquido, i modelli di attaccamento possono influenzare la scelta del partner, l'approccio alla relazione e le reazioni emotive all'interno della stessa. Ad esempio, le persone con un attaccamento sicuro tendono a cercare relazioni più stabili e a essere in grado di gestire meglio la flessibilità e il cambiamento delle relazioni amorose.

Le persone con un attaccamento insicuro-evitante possono essere più inclini a cercare relazioni più superficiali o ad evitare l'impegno emotivo. Quelle con un attaccamento insicuro-ansioso possono avere una tendenza a cercare relazioni intense e ad essere più sensibili alle dinamiche di separazione o rifiuto.

È importante sottolineare che i modelli di attaccamento non sono fissi e possono essere influenzati dalle esperienze e dalle dinamiche relazionali. Le relazioni stesse possono fornire opportunità per la guarigione e la crescita emotiva, consentendo alle persone di sviluppare un attaccamento più sicuro nel tempo.

In conclusione, la psicologia dell'attaccamento nel contesto dell'amore liquido mette in luce come i modelli di attaccamento influenzino le dinamiche e le esperienze nelle relazioni amorose. Comprendere i nostri modelli di attaccamento può aiutarci a costruire relazioni più soddisfacenti e a navigare meglio la complessità dell'amore liquido.

Queste prospettive teoriche forniscono ulteriori strumenti per comprendere l'amore liquido e le relazioni contemporanee. Tuttavia, è importante sottolineare che nessuna teoria può catturare completamente la complessità delle dinamiche amorose, poiché ogni persona e relazione sono uniche e complesse.

5. Implicazioni psicologiche dell'amore liquido

5.1 L'effetto dell'amore liquido sulla salute mentale e il benessere

L'effetto dell'amore liquido sulla salute mentale e il benessere può essere complesso e varia da persona a persona. Mentre alcune persone possono adattarsi bene all'amore liquido, altre possono sperimentare sfide e impatti negativi sulla loro salute mentale. Esploreremo alcuni aspetti chiave in modo dettagliato e comprensibile.

1. Incertezza e ansia: L'amore liquido è caratterizzato da una maggiore incertezza e instabilità delle relazioni. Questa costante incertezza può causare ansia e preoccupazione costante riguardo al futuro della relazione. Le persone possono sentirsi insicure e temere l'abbandono o la sostituzione da parte del partner. Questi sentimenti di incertezza e ansia possono influire negativamente sulla salute mentale.

2. Autostima e fiducia: Nell'amore liquido, le relazioni possono essere più facilmente interrotte o cambiate. Questo può colpire l'autostima delle persone e la loro fiducia nell'essere amati. Le continue esperienze di separazione e rifiuto possono far sentire alle persone di non essere abbastanza valide o desiderabili. Ciò può causare una ridotta autostima e una minore fiducia nelle relazioni future.

3. Stress emotivo: L'amore liquido richiede un costante adattamento e gestione delle relazioni in evoluzione. Le persone possono sperimentare uno stress emotivo costante nel cercare di equilibrare le proprie esigenze emotive con quelle del partner. La gestione di relazioni multiple o di incontri casuali può richiedere un notevole sforzo emotivo e può portare a un aumento dello stress e dell'instabilità emotiva.

4. Isolamento sociale: L'amore liquido può portare a una maggiore individualizzazione delle relazioni, con un minor coinvolgimento nella comunità o nella rete sociale. Le persone potrebbero dedicare meno tempo e impegno alle relazioni a lungo termine, concentrandosi invece su incontri occasionali o fugaci. Questo può portare a un senso di isolamento sociale e a una ridotta sensazione di appartenenza.

5. Senso di perdita: L'amore liquido può comportare una serie di separazioni e perdite. Quando le relazioni si interrompono o cambiano, le persone possono sperimentare un senso di perdita e dolore emotivo. Queste esperienze di perdita possono influire negativamente sulla salute mentale e sul benessere complessivo.

Tuttavia, è importante sottolineare che l'effetto dell'amore liquido sulla salute mentale e il benessere dipende da molti fattori, tra cui le risorse personali, il supporto sociale, la resilienza emotiva e la capacità di adattamento. Alcune persone possono affrontare l'amore liquido in modo positivo e trarre beneficio dalla flessibilità e dalla libertà che offre.

Per mitigare gli effetti negativi dell'amore liquido sulla salute mentale, è importante cercare un equilibrio tra l'autonomia e l'intimità emotiva, avere una comunicazione aperta con i partner, cercare supporto sociale e dedicare tempo e attenzione alla cura di sé stessi.

L'amore liquido può avere un impatto complesso sulla salute mentale e il benessere. È importante essere consapevoli dei potenziali rischi e adottare misure per preservare la propria salute mentale e il proprio benessere emotivo nell'affrontare le dinamiche delle relazioni amorose nell'era dell'amore liquido.

5.2 L'ansia dell'impegno e la paura dell'abbandono nell'amore liquido

L'ansia dell'impegno e la paura dell'abbandono sono due tematiche comuni nell'amore liquido. Esploriamo questi aspetti in modo approfondito e comprensibile.

L'ansia dell'impegno si riferisce alla paura o all'ansia che alcune persone sperimentano quando si tratta di impegnarsi in una relazione seria o a lungo termine. Questa ansia può essere alimentata dalla natura fluida e instabile dell'amore liquido, in cui le relazioni possono essere facilmente interrotte o cambiate.

L'ansia dell'impegno può derivare da diverse ragioni. Alcune persone potrebbero aver avuto esperienze passate negative nelle relazioni, come tradimenti o abbandoni, che hanno generato una diffidenza nei confronti del coinvolgimento emotivo profondo. Altre possono temere di perdere la propria indipendenza e autonomia in una relazione impegnata.

La paura dell'abbandono è un'altra tematica comune nell'amore liquido. Poiché le relazioni sono più instabili, alcune persone possono sperimentare una costante paura di essere abbandonate o sostituite dai propri partner. Questa paura può essere alimentata dalla tendenza all'individualismo e alla ricerca continua di nuove esperienze che caratterizza l'amore liquido.

La combinazione di ansia dell'impegno e paura dell'abbandono può creare una serie di dinamiche negative nelle relazioni. Le persone possono evitare di impegnarsi emotivamente, mantenendo una certa distanza per proteggersi dalla possibilità di essere ferite o abbandonate. Allo stesso tempo, possono sentirsi insicure e bisognose di costante rassicurazione da parte del partner.

Queste dinamiche possono mettere a dura prova le relazioni amorose nell'amore liquido. La mancanza di fiducia reciproca e la difficoltà nel costruire una connessione profonda possono portare a una maggiore instabilità e insoddisfazione. Inoltre, l'ansia costante e la paura dell'abbandono possono generare uno stress emotivo significativo e avere un impatto negativo sulla salute mentale e il benessere.

È importante sottolineare che l'ansia dell'impegno e la paura dell'abbandono non sono insormontabili. Attraverso la comunicazione aperta e sincera con il partner, si possono affrontare queste paure e lavorare insieme per creare una base di fiducia e sicurezza nella relazione. La terapia di coppia può anche essere utile per esplorare e affrontare queste tematiche in modo più approfondito.

L'ansia dell'impegno e la paura dell'abbandono sono aspetti significativi nell'amore liquido. Riconoscere e comprendere queste dinamiche può aiutare le persone a gestire meglio le loro relazioni, promuovendo una maggiore stabilità emotiva e un benessere complessivo più positivo.

5.3 L'autenticità emotiva e la connessione nell'amore liquido

L'autenticità emotiva e la connessione sono elementi fondamentali nell'amore liquido. Esploriamo questi aspetti in modo approfondito e comprensibile.

L'autenticità emotiva si riferisce alla capacità di esprimere e condividere le proprie emozioni in modo sincero e genuino. Nell'amore liquido, dove le relazioni sono più fluide e cambiano frequentemente, l'autenticità emotiva diventa cruciale per stabilire una connessione significativa con i partner.

Essere autentici emotivamente implica il coraggio di esprimere i propri sentimenti, bisogni e desideri senza paura di essere giudicati o respinti. Questo richiede una conoscenza profonda di sé e la capacità di comunicare apertamente e onestamente con il partner.

L'autenticità emotiva nell'amore liquido permette alle persone di essere vulnerabili e di creare una connessione autentica con il proprio partner. Attraverso la condivisione aperta delle emozioni, si costruisce una maggiore intimità emotiva, consentendo alle persone di sentirsi comprese e accettate.

La connessione è un'altra componente chiave dell'amore liquido. Poiché le relazioni possono essere temporanee o evolversi rapidamente, la capacità di stabilire connessioni significative diventa essenziale per sperimentare una relazione appagante.

La connessione nell'amore liquido si basa sulla qualità delle interazioni e sulla profondità delle relazioni, piuttosto che sulla durata temporale. Le persone cercano connessioni che soddisfino le loro esigenze emotive e offrano un senso di intimità e comprensione reciproca.

Per creare una connessione significativa nell'amore liquido, è importante sviluppare la capacità di ascolto empatico, mostrare interesse genuino per l'altro e sostenere la reciproca autenticità emotiva. La comunicazione aperta e la comprensione delle esigenze emotive di entrambi i partner sono fondamentali per nutrire una connessione duratura.

Tuttavia, la natura fluida dell'amore liquido può anche presentare sfide alla connessione. Le persone possono sentirsi insicure riguardo alla stabilità della relazione e possono temere di essere sostituite o abbandonate. Queste preoccupazioni possono influire sulla capacità di sviluppare una connessione autentica e profonda.

Perciò, è importante che entrambi i partner lavorino insieme per costruire una base solida di fiducia, comunicazione aperta e impegno reciproco nell'amore liquido. Ciò richiede una consapevolezza delle proprie emozioni, una comprensione delle dinamiche relazionali e un impegno per coltivare la connessione nel contesto mutevole delle relazioni amorose.

In conclusione, l'autenticità emotiva e la connessione sono elementi essenziali nell'amore liquido. Saper essere autentici con le proprie emozioni e cercare una connessione autentica con il partner può arricchire la qualità delle relazioni e favorire un senso di intimità e benessere emotivo.

6. Le relazioni nell'era dell'amore liquido

6.1 Nuove dinamiche relazionali e modelli di impegno

Le nuove dinamiche relazionali e i modelli di impegno nell'amore liquido sono caratterizzati da una serie di cambiamenti rispetto ai modelli tradizionali delle relazioni amorose. Esploriamo questi aspetti in modo approfondito e comprensibile.

Nell'amore liquido, le dinamiche relazionali sono più fluide e mutevoli. Le persone tendono a evitare il vincolo e l'impegno a lungo termine, optando invece per relazioni più flessibili e aperte. Questo comporta una maggiore libertà nel perseguire nuove esperienze e connessioni, ma può anche creare un senso di incertezza e instabilità nelle relazioni.

Un aspetto importante delle nuove dinamiche relazionali nell'amore liquido è la mancanza di regole e aspettative rigide. Le persone sono libere di definire le proprie relazioni in base alle loro esigenze e preferenze individuali. Ciò significa che i modelli di impegno possono variare notevolmente da persona a persona.

Alcuni individui nell'amore liquido possono preferire relazioni aperte, in cui c'è consenso reciproco per esplorare connessioni romantiche o sessuali con altre persone. Questo tipo di impegno si basa sulla fiducia, sulla comunicazione aperta e sulla gestione delle emozioni in modo consapevole.

Altri possono optare per relazioni poliamorose, che coinvolgono l'impegno romantico o sessuale con più di una persona contemporaneamente. In questo caso, la comunicazione e il rispetto delle esigenze di tutti i partner diventano fondamentali per mantenere la stabilità e l'equilibrio nelle relazioni.

È importante notare che nell'amore liquido non esiste un modello di impegno "giusto" o "sbagliato". Ciò che conta è la consapevolezza delle proprie esigenze e dei confini relazionali, insieme a una comunicazione chiara e onesta con il partner.

Tuttavia, è essenziale considerare anche le sfide che possono emergere dalle nuove dinamiche relazionali nell'amore liquido. L'incertezza e l'instabilità possono generare ansia e insicurezza emotiva. Inoltre, la gestione delle relazioni multiple richiede tempo, impegno e una buona comunicazione, al fine di evitare incomprensioni e conflitti.

Per affrontare queste sfide, è importante coltivare la consapevolezza emotiva e comunicativa, nonché sviluppare abilità di negoziazione e gestione dei conflitti. L'empatia, la comprensione reciproca e la creazione di un ambiente sicuro per esprimere bisogni ed emozioni sono fondamentali per mantenere la stabilità e l'integrità delle relazioni nell'amore liquido.

Le nuove dinamiche relazionali e i modelli di impegno nell'amore liquido sono caratterizzati da maggiore flessibilità e adattabilità rispetto ai modelli tradizionali. Ciò richiede una consapevolezza emotiva e comunicativa, nonché la capacità di negoziare e gestire le relazioni in modo consapevole. Con una buona comunicazione e un impegno reciproco, è possibile costruire relazioni significative e appaganti nell'amore liquido.

6.2 L'importanza della comunicazione e della negoziazione

La comunicazione e la negoziazione rivestono un ruolo fondamentale nell'amore liquido. Esploriamo l'importanza di questi aspetti in modo approfondito e comprensibile.

La comunicazione è il pilastro su cui si basano le relazioni nell'amore liquido. Una comunicazione aperta, chiara ed empatica favorisce la comprensione reciproca e la condivisione delle emozioni, dei bisogni e dei desideri. La capacità di esprimere i propri sentimenti e di ascoltare attivamente il partner promuove una connessione autentica e una maggiore intimità emotiva.

Nell'amore liquido, in cui le relazioni possono essere fluide e mutevoli, la comunicazione diventa ancora più essenziale. È importante discutere apertamente le aspettative, le regole, i confini e le eventuali evoluzioni della relazione. Questo permette di creare una base di comprensione e di costruire una relazione basata sulla fiducia e sulla trasparenza.

La negoziazione è un'altra abilità cruciale nell'amore liquido. Poiché le persone possono avere diverse esigenze, desideri e punti di vista, la capacità di negoziare in modo rispettoso e collaborativo diventa fondamentale per mantenere un equilibrio nella relazione.

La negoziazione implica la ricerca di soluzioni che soddisfino entrambi i partner, tenendo conto delle rispettive esigenze e desideri. Richiede la volontà di ascoltare attentamente il punto di vista dell'altro, di trovare compromessi e di lavorare insieme per raggiungere un accordo che sia soddisfacente per entrambi.

La comunicazione e la negoziazione sono strettamente interconnesse. Una buona comunicazione facilita la negoziazione, poiché permette alle persone di esprimere chiaramente le proprie preferenze e di comprendere le necessità dell'altro. Allo stesso tempo, la negoziazione stimola la comunicazione, poiché richiede discussioni aperte e oneste per raggiungere un accordo reciproco.

La mancanza di una comunicazione efficace e di una negoziazione consapevole può portare a incomprensioni, conflitti e insoddisfazione nella relazione. Le aspettative non comunicate, i conflitti non risolti e le difficoltà nella gestione delle emozioni possono minare la stabilità e l'intimità nella relazione.

Perciò, è essenziale coltivare la comunicazione e la negoziazione nell'amore liquido. Ciò implica lo sviluppo di abilità di ascolto attivo, l'uso di un linguaggio chiaro e rispettoso, l'espressione delle proprie emozioni in modo assertivo e la capacità di negoziare in modo costruttivo.

La comunicazione e la negoziazione efficaci richiedono anche un ambiente sicuro e non giudicante in cui entrambi i partner si sentano liberi di esprimere le proprie opinioni e i propri sentimenti. La creazione di tale ambiente richiede empatia, rispetto reciproco e una volontà di lavorare insieme per il benessere della relazione.

La comunicazione e la negoziazione sono pilastri fondamentali nell'amore liquido. Una comunicazione aperta ed empatica permette di condividere le emozioni e di comprendere i bisogni reciproci, mentre la negoziazione favorisce la ricerca di soluzioni che soddisfino entrambi i partner. Coltivare queste abilità aiuta a creare relazioni più soddisfacenti e appaganti nell'amore liquido.

6.3 *La ricerca della stabilità e dell'intimità nell'amore liquido*

La ricerca della stabilità e dell'intimità nell'amore liquido è un aspetto cruciale per molti individui che desiderano creare relazioni significative e durature. Esploriamo questi concetti in modo approfondito e comprensibile.

Nell'amore liquido, caratterizzato da dinamiche relazionali fluide e mutevoli, la ricerca della stabilità diventa una sfida significativa. Le relazioni possono cambiare nel tempo, e ciò può generare incertezza e instabilità. Tuttavia, molti individui desiderano comunque costruire una base solida e duratura per le proprie relazioni.

Per cercare stabilità nell'amore liquido, è importante creare una fondazione di fiducia e comunicazione aperta. La fiducia reciproca permette di sentirsi sicuri e supportati all'interno della relazione, mentre la comunicazione aperta consente di affrontare le sfide e i cambiamenti che possono sorgere.

La comunicazione efficace è fondamentale per creare intimità nell'amore liquido. Essa implica l'apertura nel condividere emozioni, desideri, bisogni e preoccupazioni con il partner. L'intimità si sviluppa attraverso la condivisione di esperienze, pensieri e sentimenti, e richiede un ambiente sicuro in cui entrambi i partner si sentano ascoltati, accettati e rispettati.

La creazione di routine e rituali condivisi può svolgere un ruolo importante nella stabilizzazione delle relazioni nell'amore liquido. Vediamo nel dettaglio come queste pratiche possono contribuire a rafforzare il legame tra i partner.

Le routine e i rituali sono una serie di attività che vengono ripetute regolarmente e che hanno un significato speciale all'interno di una relazione. Possono variare da semplici gesti quotidiani a rituali più complessi e significativi. L'importante è che siano condivisi e abbiano uno scopo emotivo o simbolico per entrambi i partner.

Una delle ragioni per cui le routine e i rituali condivisi sono importanti è che aiutano a creare un senso di continuità e stabilità nella relazione. Nell'amore liquido, in cui le dinamiche possono essere fluide e mutevoli, le routine e i rituali forniscono una sorta di ancoraggio emotivo. Possono fungere da punti di riferimento costanti e prevedibili che aiutano a mantenere la connessione tra i partner.

Inoltre, le routine e i rituali condivisi creano uno spazio dedicato all'intimità e alla connessione emotiva. Queste pratiche permettono ai partner di dedicare del tempo di qualità l'uno all'altro, offrendo un'opportunità per condividere esperienze, emozioni e pensieri. Possono essere momenti di relax, come una cena romantica a due o una passeggiata serale, che favoriscono il dialogo aperto e sincero.

I rituali condivisi possono anche svolgere un ruolo simbolico nella relazione. Possono rappresentare l'impegno reciproco, la fedeltà e l'amore tra i partner. Ad esempio, un rituale potrebbe essere scambiarsi un gesto di affetto specifico ogni giorno, come un bacio di buonanotte o un abbraccio speciale. Questi gesti simbolici rafforzano il legame emotivo e creano un senso di sicurezza all'interno della relazione.

Un altro aspetto importante delle routine e dei rituali condivisi è che possono contribuire a ridurre lo stress e la tensione nella relazione. Quando le attività sono predefinite e organizzate, permettono di gestire meglio il tempo e di evitare conflitti legati a questioni logistiche. Inoltre, partecipare a routine e rituali può offrire un senso di comfort e stabilità, aiutando a superare le sfide che possono sorgere nell'amore liquido.

Infine, è fondamentale sottolineare che le routine e i rituali condivisi non devono essere rigidi o obbligatori. Devono essere flessibili e adattabili alle esigenze e ai desideri dei partner. L'importante è che entrambi i partner si sentano coinvolti, valorizzati e felici nell'essere parte di tali pratiche.

La creazione di routine e rituali condivisi può essere un modo efficace per stabilizzare le relazioni nell'amore liquido. Queste pratiche offrono continuità, intimità emotiva e un senso di stabilità all'interno della relazione. Sono uno strumento per connettersi, gestire lo stress e rafforzare il legame tra i partner. È importante che queste routine siano adattabili e significative per entrambi i partner, in modo che possano sostenere il benessere e la soddisfazione nella relazione.

La ricerca dell'intimità nell'amore liquido richiede anche l'impegno nella comprensione reciproca. Ciò implica l'ascolto attento delle esperienze e dei punti di vista dell'altro, la pratica dell'empatia e la volontà di sostenere e supportare il partner nelle sfide della vita. L'intimità si sviluppa quando ci si sente compresi e accolti da parte del partner.

È importante sottolineare che la ricerca della stabilità e dell'intimità nell'amore liquido è un processo continuo. Le relazioni richiedono cura, impegno e adattabilità per crescere e prosperare nel contesto dell'amore liquido. È possibile che ci siano momenti di incertezza o difficoltà lungo il percorso, ma con una comunicazione aperta, una fiducia reciproca e una volontà di lavorare insieme, si può costruire una base solida per la stabilità e l'intimità nella relazione.

In conclusione, la ricerca della stabilità e dell'intimità nell'amore liquido richiede fiducia, comunicazione aperta, comprensione reciproca e impegno continuo. Creare routine condivise, sviluppare un ambiente sicuro e praticare l'empatia sono modi efficaci per stabilizzare le relazioni e costruire intimità significative nell'amore liquido.

7. Strategie per comprendere e navigare l'amore liquido

7.1 Riflessione personale sull'approccio all'amore liquido

Riflettere sull'approccio all'amore liquido può essere un esercizio utile per comprendere meglio i propri sentimenti e le proprie aspettative nelle relazioni. Vediamo nel dettaglio come affrontare questa riflessione personale in modo approfondito e comprensibile.

Innanzitutto, l'amore liquido si riferisce a un concetto introdotto dal sociologo Zygmunt Bauman, che descrive le dinamiche relazionali caratterizzate dalla fluidità, dall'incertezza e dalla mancanza di impegno a lungo termine. Riflettere sull'approccio all'amore liquido significa esaminare come si concepisce e si vive l'amore in questo contesto.

Un primo punto di riflessione può riguardare le proprie aspettative nelle relazioni. Chiediti quali sono le tue aspettative riguardo all'amore, alla stabilità e all'intimità. Le tue aspettative sono influenzate dall'idea di amore liquido o hai bisogno di maggiore stabilità e impegno? Comprendere le proprie aspettative ti aiuterà a capire se l'approccio all'amore liquido risuona con te o se cerchi qualcosa di diverso.

Un altro aspetto da considerare è la tua disponibilità ad adattarti al cambiamento nelle relazioni. L'amore liquido implica un'apertura alla fluidità e alla flessibilità delle dinamiche relazionali. Rifletti su quanto ti senti a tuo agio con l'incertezza e con la possibilità che le relazioni possano evolvere o cambiare nel tempo.

È anche importante riflettere sulla tua capacità di comunicazione ed empatia. L'amore liquido richiede una comunicazione aperta e sincera per gestire le sfide e i cambiamenti che possono sorgere. Chiediti se sei disposto/a a esprimere le tue emozioni, ascoltare il partner e negoziare le esigenze reciproche. L'empatia è altrettanto importante per comprendere le esperienze e i punti di vista del partner.

Un'altra riflessione potrebbe riguardare il tuo equilibrio tra autonomia e intimità. L'amore liquido spesso incoraggia l'autonomia e l'indipendenza individuali, ma è importante anche nutrire la connessione emotiva con il partner. Considera come bilanci l'autonomia e l'intimità nella tua visione delle relazioni amorose.

Infine, rifletti su come desideri che sia il tuo percorso amoroso. Se l'approccio all'amore liquido non rispecchia le tue aspirazioni, potresti cercare modelli di impegno o stabilità che soddisfino le tue esigenze emotive.

La riflessione personale sull'approccio all'amore liquido è un processo individuale e personale. Non esiste una risposta corretta o sbagliata, ma ciò che conta è comprendere le proprie emozioni, aspettative e desideri nelle relazioni. Questa consapevolezza ti aiuterà a prendere decisioni informate e ad avvicinarti alle relazioni in modo autentico e soddisfacente.

7.2 Promuovere l'autenticità e la vulnerabilità nelle relazioni

Promuovere l'autenticità e la vulnerabilità nelle relazioni liquide è un aspetto fondamentale per creare connessioni significative e soddisfacenti. Vediamo nel dettaglio come si può incoraggiare l'autenticità e la vulnerabilità all'interno di queste dinamiche relazionali complesse, utilizzando un linguaggio semplice e comprensibile.

L'autenticità riguarda la capacità di essere se stessi e di esprimere i propri pensieri, sentimenti e bisogni in modo sincero e senza maschere. Nelle relazioni liquide, dove le dinamiche possono essere fluide e incerte, può essere difficile essere autentici per paura del rifiuto o dell'abbandono. Tuttavia, promuovere l'autenticità richiede coraggio e apertura emotiva.

Un primo passo per promuovere l'autenticità è creare uno spazio sicuro e accogliente in cui entrambi i partner si sentano liberi di esprimere se stessi senza giudizi o critiche. Ciò può essere realizzato attraverso una comunicazione aperta e rispettosa, in cui entrambi si sentano ascoltati e validati.

La vulnerabilità, d'altra parte, implica la volontà di aprirsi e condividere le proprie emozioni e fragilità con il partner. Questo richiede un alto grado di fiducia reciproca e di accettazione. Nelle relazioni liquide, in cui le dinamiche possono essere più superficiali o basate sull'evitamento dell'impegno, la vulnerabilità può essere vista come un rischio. Tuttavia, è proprio attraverso la vulnerabilità che si crea un'intimità autentica.

Per promuovere la vulnerabilità, è importante incoraggiare un ambiente privo di giudizio, in cui entrambi i partner si sentano liberi di esprimere le proprie emozioni senza timore di essere respinti. Questo può essere ottenuto attraverso una pratica di ascolto empatico, in cui si cerca di comprendere e rispettare le esperienze e le emozioni dell'altro.

Inoltre, è importante essere consapevoli delle proprie emozioni e delle proprie vulnerabilità. Imparare ad accettare e a comprendere le proprie fragilità rende più facile condividere e accogliere quelle dell'altro. Essere aperti e onesti riguardo ai propri bisogni e desideri crea un ambiente di fiducia e connessione reciproca.

Incoraggiare l'autenticità e la vulnerabilità richiede anche un impegno costante nel superare le paure e le resistenze. È normale sentirsi insicuri o diffidenti, ma è importante ricordare che la vera intimità richiede coraggio e apertura. La comunicazione chiara e sincera, l'ascolto attivo e la pratica dell'empatia possono aiutare a creare una base solida per promuovere l'autenticità e la vulnerabilità nelle relazioni liquide.

Promuovere l'autenticità e la vulnerabilità nelle relazioni liquide richiede uno spazio sicuro e accogliente, una comunicazione aperta e rispettosa, e la volontà di essere sinceri ed esprimere le proprie emozioni. Attraverso l'autenticità e la vulnerabilità, si può creare un'intimità più profonda e soddisfacente all'interno delle relazioni liquide.

7.3 Sviluppare abilità di adattamento e resilienza

Sviluppare abilità di adattamento e resilienza nelle relazioni liquide è fondamentale per affrontare le sfide e le incertezze che possono sorgere in questo tipo di dinamiche relazionali. Vediamo nel dettaglio come si possono sviluppare queste abilità utilizzando un linguaggio semplice e comprensibile.

L'adattamento riguarda la capacità di adeguarsi e rispondere ai cambiamenti nelle relazioni. Nelle relazioni liquide, in cui le dinamiche possono essere fluide e mutevoli, è importante essere flessibili e aperti al cambiamento. Ciò significa essere disposti a riconsiderare le proprie aspettative, adattarsi alle nuove circostanze e trovare soluzioni creative.

Un primo passo per sviluppare abilità di adattamento è coltivare la consapevolezza di sé e dell'altro. Comprendere le proprie esigenze, i propri limiti e i propri valori aiuta a prendere decisioni consapevoli e adattarsi alle situazioni in modo più efficace. Allo stesso tempo, comprendere le esperienze, i desideri e i limiti del partner favorisce la comprensione reciproca e la capacità di negoziare le differenze.

Inoltre, l'empatia svolge un ruolo chiave nell'adattamento alle relazioni liquide. Essere in grado di mettersi nei panni dell'altro e comprendere le sue prospettive e le sue emozioni permette di costruire ponti di comunicazione e di affrontare le sfide insieme. L'empatia favorisce la comprensione reciproca e facilita il processo di adattamento.

La resilienza, d'altra parte, è la capacità di affrontare le difficoltà e di riprendersi dagli ostacoli. Nelle relazioni liquide, in cui ci si confronta con l'incertezza e la possibilità di cambiamenti repentini, la resilienza è essenziale per affrontare le sfide e mantenere il benessere emotivo.

Per sviluppare la resilienza, è importante coltivare la propria capacità di gestire lo stress e di adattarsi alle circostanze in modo positivo. Ciò può essere ottenuto attraverso pratiche di auto-curato, come la gestione dello stress, la ricerca di supporto sociale e la promozione di uno stile di vita sano.

Inoltre, la comunicazione efficace svolge un ruolo chiave nella costruzione della resilienza nelle relazioni liquide. Essere in grado di esprimere i propri sentimenti, le proprie preoccupazioni e le proprie esigenze in modo chiaro e rispettoso favorisce la comprensione reciproca e la capacità di superare le difficoltà.

Infine, l'atteggiamento mentale ottimista è un fattore importante nella sviluppo della resilienza. Coltivare una prospettiva positiva, concentrarsi sulle opportunità piuttosto che sulle sfide e credere nella propria capacità di affrontare le difficoltà favorisce la resilienza e il benessere emotivo nelle relazioni liquide.

Sviluppare abilità di adattamento e resilienza nelle relazioni liquide richiede consapevolezza di sé e dell'altro, empatia, comunicazione efficace e un atteggiamento mentale ottimista. Queste competenze aiutano a navigare attraverso i cambiamenti e le incertezze, mantenendo una connessione significativa e promuovendo il benessere emotivo all'interno delle relazioni liquide.

8. Studi di casi e interviste con esperti

8.1 Esperienze personali di individui in relazioni liquide

Le esperienze personali degli individui in relazioni liquide possono variare notevolmente a seconda delle circostanze e delle dinamiche specifiche. Tuttavia, cercherò di fornire un'analisi approfondita utilizzando un linguaggio semplice e comprensibile.

In una relazione liquida, gli individui possono sperimentare una gamma di emozioni complesse. Alcuni potrebbero trovare eccitante l'idea di esplorare diverse connessioni e sperimentare una libertà emotiva. Possono godere della possibilità di connettersi con diverse persone e di vivere nuove esperienze.

Tuttavia, per altri, le relazioni liquide possono essere fonte di ansia, incertezza e insicurezza. La mancanza di stabilità e l'imprevedibilità delle dinamiche relazionali possono causare stress e confusione. La paura dell'abbandono e l'insicurezza riguardo al futuro possono essere prevalenti.

Gli individui in relazioni liquide possono sperimentare una serie di sfide. La mancanza di impegni formali può rendere difficile stabilire un senso di sicurezza e di fiducia reciproca. La comunicazione aperta e sincera può diventare un elemento critico per gestire le aspettative, le emozioni e le necessità di entrambi i partner.

Alcuni individui potrebbero trovare difficile stabilire un equilibrio tra la propria autonomia e il desiderio di connessione intima. La necessità di mantenere la propria identità e la propria indipendenza può entrare in conflitto con il desiderio di costruire relazioni significative.

Tuttavia, ci sono anche aspetti positivi nelle esperienze personali delle persone in relazioni liquide. Questo tipo di dinamica può consentire un'apertura verso nuove prospettive, una maggiore flessibilità e una continua crescita personale. Le persone possono imparare ad adattarsi ai cambiamenti e a sviluppare una maggiore consapevolezza di sé e delle proprie esigenze emotive.

È importante sottolineare che le esperienze personali nelle relazioni liquide possono variare notevolmente. Alcuni individui possono trovare una grande soddisfazione e felicità in questo tipo di dinamiche, mentre altri possono sentirsi frustrati o insoddisfatti. La chiave per affrontare queste esperienze è la consapevolezza di sé, l'apertura alla comunicazione e la volontà di negoziare e adattarsi alle sfide che si presentano.

Le esperienze personali degli individui in relazioni liquide possono essere complesse e variegate. Le emozioni possono oscillare tra l'eccitazione e l'ansia, la libertà e l'insicurezza. È importante affrontare queste esperienze con consapevolezza, comunicazione aperta e flessibilità per creare connessioni significative e soddisfacenti.

8.2 Interviste con esperti del settore sull'amore liquido

Le interviste con esperti del settore sull'amore liquido offrono una preziosa opportunità di approfondire la comprensione di questo fenomeno complesso. Pur non essendo in grado di condurre tali interviste, posso darti un'idea generale di come potrebbero svolgersi utilizzando un linguaggio semplice e comprensibile.

Immagina di intervistare un esperto del settore dell'amore liquido. Questo esperto potrebbe essere uno psicologo, un sociologo o un ricercatore specializzato nelle dinamiche relazionali contemporanee. L'intervista potrebbe iniziare con una domanda generale sull'amore liquido per dare un contesto all'argomento.

Esperto: "L'amore liquido è un termine coniato da Zygmunt Bauman per descrivere un tipo di amore caratterizzato dalla mancanza di stabilità e durata. In questo tipo di relazioni, le dinamiche sono fluide e le connessioni possono cambiare rapidamente. L'amore liquido si basa sulla libertà individuale e sull'autonomia, ma può anche generare insicurezza e incertezza."

Potresti poi porre domande più specifiche all'esperto, ad esempio sulle sfide che le persone affrontano nelle relazioni liquide.

Esperto: "Nelle relazioni liquide, le persone spesso si trovano ad affrontare sfide uniche. La mancanza di stabilità può creare ansia e paura dell'abbandono. Inoltre, l'assenza di confini chiari può rendere difficile negoziare le aspettative e le esigenze reciproche. Tuttavia, alcune persone trovano che le relazioni liquide offrano un senso di libertà e la possibilità di esplorare diverse connessioni."

Potresti anche chiedere all'esperto come le persone possono gestire le relazioni liquide in modo sano e soddisfacente.

Esperto: "Per gestire le relazioni liquide in modo sano, è fondamentale sviluppare abilità di comunicazione aperta e sincera. Essere in grado di esprimere i propri sentimenti, le proprie aspettative e i propri bisogni è essenziale per costruire una connessione autentica. Inoltre, la consapevolezza di sé e delle proprie esigenze emotive può aiutare a prendere decisioni consapevoli e adattarsi ai cambiamenti. La ricerca di un equilibrio tra autonomia e intimità è un'altra sfida importante nelle relazioni liquide."

Infine, potresti chiedere all'esperto come l'amore liquido influenzi le relazioni a lungo termine.

Esperto: "Le relazioni a lungo termine possono essere complesse nelle dinamiche dell'amore liquido. Tuttavia, alcune persone trovano modi per creare stabilità e intimità anche in questo contesto. La creazione di routine condivise, rituali e momenti di connessione può contribuire a stabilizzare le relazioni e a coltivare un senso di intimità. Inoltre, la negoziazione continua e la comunicazione aperta possono aiutare a mantenere un equilibrio tra autonomia e coinvolgimento reciproco."

Queste sono solo alcune delle possibili domande e risposte che potrebbero emergere da un'intervista con un esperto sull'amore liquido. Ogni esperto avrebbe un'esperienza e una prospettiva unica da condividere, fornendo ulteriori dettagli e approfondimenti su questo argomento complesso.

8.3 *Analisi di successo delle relazioni liquide*

L'analisi delle relazioni liquide di successo richiede una comprensione delle dinamiche e degli elementi chiave che contribuiscono alla soddisfazione e alla durata di tali relazioni. Utilizzando un linguaggio semplice e di facile comprensione, esploreremo alcuni fattori che possono influenzare positivamente le relazioni liquide.

1. Comunicazione aperta e onesta: La comunicazione aperta e onesta svolge un ruolo fondamentale nell'amore liquido. In un contesto di relazioni caratterizzate dalla fluidità e dall'incertezza, la capacità di comunicare in modo chiaro e sincero diventa ancora più importante. Utilizzando un linguaggio semplice e comprensibile, esploreremo l'importanza della comunicazione aperta e onesta nel contesto dell'amore liquido.

La comunicazione aperta significa essere in grado di esprimere i propri sentimenti, bisogni e aspettative in modo diretto e senza paura di essere giudicati o respinti. Questo tipo di comunicazione crea uno spazio sicuro in cui entrambi i partner possono esprimere se stessi liberamente. Essere aperti implica anche ascoltare l'altro attentamente, mostrando empatia e comprensione.

L'amore liquido si basa sulla libertà individuale e sull'autonomia, il che significa che le persone coinvolte possono avere molteplici connessioni e possono sperimentare cambiamenti nella loro vita sentimentale. In questo contesto, la comunicazione onesta diventa ancora più importante. Essa implica essere sinceri riguardo alle proprie intenzioni e agli eventuali cambiamenti che si verificano nelle dinamiche della relazione. Ad esempio, se una persona sente il desiderio di esplorare altre connessioni o di avere uno spazio di autonomia personale, è fondamentale comunicarlo apertamente all'altro partner.

La comunicazione aperta e onesta nell'amore liquido aiuta a costruire la fiducia reciproca. Quando entrambi i partner si sentono liberi di esprimere se stessi senza timore di essere giudicati o respinti, si crea un ambiente di fiducia e autenticità. Questo favorisce l'intimità emotiva e la connessione profonda.

Tuttavia, la comunicazione aperta non significa necessariamente condividere ogni dettaglio della propria vita o di ogni relazione che si sperimenta. Ogni persona ha il diritto alla privacy e a mantenere alcune informazioni per sé stessa. La comunicazione aperta implica trovare un equilibrio tra la condivisione delle informazioni rilevanti per la relazione e il rispetto della privacy e dell'autonomia dell'altro.

Inoltre, la comunicazione aperta e onesta facilita la risoluzione dei conflitti. Quando sorgono divergenze o malintesi, essere in grado di affrontarli apertamente e sinceramente permette di trovare soluzioni e superare le difficoltà. La comunicazione aperta implica anche la capacità di ascoltare l'altro con empatia, cercando di comprendere le sue prospettive e i suoi sentimenti.

La comunicazione aperta e onesta è fondamentale nell'amore liquido. Essa crea uno spazio sicuro in cui entrambi i partner possono esprimere se stessi liberamente, ascoltarsi reciprocamente e costruire fiducia e intimità. La comunicazione aperta favorisce la gestione dei cambiamenti e delle sfide che caratterizzano le relazioni liquide, consentendo di affrontare i conflitti in modo costruttivo e di mantenere una connessione autentica e significativa.

2. Consapevolezza di sé e delle proprie esigenze: La consapevolezza di sé e delle proprie esigenze è un elemento fondamentale nell'amore liquido. Significa avere una profonda conoscenza di sé stessi, delle proprie emozioni, dei propri desideri e dei propri limiti. In un contesto di relazioni fluide e in evoluzione, comprendere se stessi è essenziale per prendere decisioni consapevoli e per cercare relazioni che soddisfino le proprie esigenze.

Essere consapevoli di sé implica un'auto-riflessione continua per comprendere i propri valori, i propri obiettivi e ciò che si cerca in una relazione. Questo richiede di dedicare del tempo per esplorare le proprie emozioni, le esperienze passate e le aspettative future. Conoscere se stessi aiuta a definire i propri confini personali e ad avere una visione chiara delle relazioni che si desidera intraprendere.

Nell'amore liquido, in cui le relazioni possono essere meno strutturate e più aperte all'esplorazione, la consapevolezza di sé diventa ancora più importante. Essa consente di comprendere le proprie preferenze e di comunicarle all'altro partner in modo chiaro. Ad esempio, se si è consapevoli della propria necessità di stabilità emotiva o di un impegno più solido, si può comunicare apertamente a riguardo, favorendo la costruzione di relazioni basate su aspettative chiare e reciproche.

La consapevolezza di sé implica anche riconoscere i propri limiti e le proprie vulnerabilità. Significa essere in grado di identificare quali sono i fattori che possono generare stress o insoddisfazione nella relazione e di agire di conseguenza. Questo può significare mettere in atto strategie di autogestione dello stress o prendere decisioni che preservino il proprio benessere emotivo.

Inoltre, la consapevolezza di sé favorisce l'autenticità nelle relazioni. Essere consapevoli dei propri sentimenti e delle proprie esigenze permette di esprimersi in modo sincero e genuino. Ciò contribuisce a creare un ambiente di fiducia reciproca e a promuovere una connessione più profonda con l'altro partner.

È importante sottolineare che la consapevolezza di sé non è un processo statico, ma un percorso di scoperta continua. Richiede tempo, introspezione e un impegno costante per comprendere se stessi in evoluzione. La pratica della consapevolezza di sé può essere sostenuta attraverso l'auto-riflessione, la meditazione, la terapia o altre forme di supporto che favoriscano l'esplorazione interiore.

In conclusione, la consapevolezza di sé e delle proprie esigenze è essenziale nell'amore liquido. Essa permette di prendere decisioni consapevoli, di comunicare in modo chiaro le proprie aspettative e di costruire relazioni basate sull'autenticità e sulla reciproca comprensione. La consapevolezza di sé è un viaggio di scoperta personale che contribuisce a coltivare il benessere emotivo e a favorire relazioni più soddisfacenti.

3. Flessibilità e adattabilità: La flessibilità e l'adattabilità sono caratteristiche importanti nell'amore liquido. In un contesto di relazioni che sono in costante mutamento e evoluzione, essere flessibili e adattabili aiuta a gestire i cambiamenti e a mantenere relazioni sane e soddisfacenti. Utilizzando un linguaggio semplice e comprensibile, esploreremo l'importanza della flessibilità e dell'adattabilità nell'amore liquido.

La flessibilità si riferisce alla capacità di adattarsi ai cambiamenti e alle nuove situazioni che si presentano all'interno delle relazioni liquide. Implica essere aperti a esplorare diverse dinamiche di relazione e a considerare nuove possibilità. Essere flessibili significa anche non aggrapparsi rigidamente a aspettative predefinite, ma essere disposti a modificare e riformulare le proprie aspettative man mano che la relazione si sviluppa.

Nell'amore liquido, le relazioni possono essere caratterizzate da una maggiore libertà individuale e da una minore rigidità nelle convenzioni sociali. Ciò richiede una maggiore flessibilità nell'approccio alle relazioni stesse. Ad esempio, potrebbe significare essere aperti a sperimentare diverse forme di connessione, come relazioni aperte o poliamorose, o adattarsi a cambiamenti nella dinamica della relazione, come periodi di distanza fisica o di impegno meno strutturato.

L'adattabilità, d'altra parte, riguarda la capacità di affrontare e superare le sfide e i cambiamenti che si verificano all'interno delle relazioni liquide. Essa implica essere in grado di adattarsi alle nuove circostanze, alle esigenze e ai desideri dei partner, e di trovare soluzioni creative per affrontare i problemi che possono sorgere.

Essere adattabili richiede una mentalità aperta e una predisposizione al cambiamento. Significa essere disposti a discutere e negoziare con il partner per trovare un equilibrio tra le esigenze individuali e quelle della relazione. L'adattabilità comporta anche la capacità di imparare dai propri errori e di apportare modifiche nel modo in cui ci si relaziona, al fine di favorire la crescita e la soddisfazione reciproca.

La flessibilità e l'adattabilità nell'amore liquido contribuiscono a promuovere una maggiore resilienza e a ridurre il rischio di frustrazione o delusione. Queste qualità permettono alle persone coinvolte di affrontare in modo costruttivo i cambiamenti e le sfide che possono sorgere, senza essere rigidamente ancorate a un unico modello di relazione.

Tuttavia, è importante sottolineare che la flessibilità e l'adattabilità non significano compromettere i propri valori o rinunciare ai propri bisogni essenziali. È importante trovare un equilibrio tra l'adattamento alle nuove circostanze e il mantenimento dell'autenticità e dell'integrità personale.

La flessibilità e l'adattabilità sono fondamentali nell'amore liquido. Queste qualità consentono di gestire i cambiamenti, di esplorare nuove possibilità e di affrontare le sfide che possono presentarsi. Sono un elemento chiave per mantenere relazioni sane e soddisfacenti, permettendo una maggiore flessibilità nelle dinamiche relazionali e una capacità di adattarsi ai bisogni e alle esigenze dei partner.

4. Rispetto reciproco: Il rispetto reciproco è un principio fondamentale nell'amore liquido e nella costruzione di relazioni sane e soddisfacenti. Si tratta di un concetto semplice, ma di grande importanza, che riguarda il trattamento dell'altro con considerazione, gentilezza e dignità.

Nell'amore liquido, in cui le relazioni possono essere meno strutturate e più aperte all'esplorazione, il rispetto reciproco diventa ancora più cruciale. Significa ascoltare attivamente l'altro, prendere in considerazione i suoi desideri, i suoi bisogni e le sue opinioni, e trattarlo con empatia e comprensione.

Il rispetto reciproco implica anche il riconoscimento della diversità e dell'autonomia dell'altro. Ogni individuo ha il diritto di essere se stesso, di esprimere i propri sentimenti e di prendere decisioni autonome. Il rispetto reciproco comporta l'accettazione di queste differenze e la volontà di costruire relazioni basate sulla parità, in cui entrambe le parti sono considerate e valorizzate.

La comunicazione gioca un ruolo fondamentale nel promuovere il rispetto reciproco. Una comunicazione aperta, onesta e rispettosa favorisce un dialogo costruttivo tra i partner, consentendo loro di esprimere i propri pensieri e i propri sentimenti in modo chiaro e rispettoso. Ciò implica evitare l'uso di linguaggio offensivo, di giudizi o di atteggiamenti manipolatori.

Il rispetto reciproco richiede anche il rispetto dei confini personali. Ogni individuo ha il diritto di stabilire i propri confini e di comunicarli all'altro partner. Il rispetto reciproco implica rispettare e onorare questi confini, senza forzare l'altro a fare cose che non desidera o a superare i propri limiti.

È importante sottolineare che il rispetto reciproco non è qualcosa che si può dare per scontato, ma richiede un impegno continuo da parte di entrambi i partner. Richiede un costante monitoraggio delle proprie azioni e delle proprie parole, al fine di assicurarsi che siano in linea con il rispetto reciproco.

Il rispetto reciproco nell'amore liquido è cruciale per la costruzione di relazioni sane, equilibrate e durature. Contribuisce a creare un ambiente di fiducia, comprensione e apprezzamento reciproco. Quando il rispetto reciproco è presente, entrambi i partner si sentono valorizzati e ascoltati, il che favorisce una connessione più profonda e soddisfacente.

Il rispetto reciproco è un pilastro fondamentale nell'amore liquido. Implica trattare l'altro con gentilezza, considerazione e dignità, ascoltare attivamente e prendere in considerazione i suoi bisogni e i suoi desideri, e riconoscere la sua autonomia e diversità. Promuove relazioni sane, equilibrate e basate sulla parità e contribuisce alla creazione di un ambiente di fiducia e apprezzamento reciproco.

5. Equilibrio tra autonomia e intimità: L'equilibrio tra autonomia e intimità è un aspetto cruciale nell'amore liquido e nella costruzione di relazioni sane e soddisfacenti. Si tratta di trovare un punto d'incontro tra il desiderio di mantenere la propria individualità e autonomia, e il bisogno di connessione e vicinanza con il partner.

L'autonomia si riferisce alla capacità di essere se stessi, di prendere decisioni indipendenti e di perseguire i propri interessi e obiettivi personali. È importante che ogni individuo mantenga la propria identità e il proprio senso di sé all'interno di una relazione, anche nell'amore liquido, dove le dinamiche possono essere più flessibili e aperte.

D'altro canto, l'intimità riguarda la connessione emotiva, la condivisione e l'apertura reciproca con il partner. L'intimità implica la volontà di condividere pensieri, sentimenti, desideri e bisogni in modo profondo e autentico. È un elemento chiave nell'amore liquido, in cui la vicinanza emotiva può assumere forme diverse da quelle delle relazioni tradizionali.

Trovare l'equilibrio tra autonomia e intimità nell'amore liquido richiede una consapevolezza delle proprie esigenze e dei propri limiti, nonché della necessità di rispettare le esigenze e i limiti del partner. Significa riconoscere che entrambi i partner hanno bisogno di spazio individuale e di tempo per perseguire i propri interessi, senza sentirsi minacciati o trascurati.

Allo stesso tempo, l'equilibrio richiede anche un impegno nell'investire nella relazione e nella creazione di momenti di intimità con il partner. Ciò può includere il dedicare del tempo di qualità insieme, il condividere esperienze significative e il favorire una comunicazione aperta e autentica.

L'equilibrio tra autonomia e intimità può essere raggiunto attraverso una comunicazione chiara e una negoziazione continua tra i partner. È importante essere aperti a esprimere i propri bisogni e desideri, nonché ad ascoltare e comprendere quelli dell'altro. Questo permette di trovare un terreno comune in cui entrambi i partner si sentono rispettati e considerati.

Quando si trova l'equilibrio tra autonomia e intimità nell'amore liquido, le relazioni possono prosperare. Ogni partner può sentirsi libero di esprimere la propria individualità e allo stesso tempo si crea uno spazio sicuro e accogliente per la connessione e l'intimità. Questo equilibrio favorisce la crescita personale e la stabilità della relazione.

In conclusione, l'equilibrio tra autonomia e intimità è un elemento chiave nell'amore liquido. Significa rispettare l'autonomia e l'individualità di ciascun partner, consentendo allo stesso tempo una connessione emotiva e un'intimità profonda. La comunicazione aperta e la negoziazione sono fondamentali per raggiungere questo equilibrio e creare relazioni sane e soddisfacenti nell'amore liquido.

6. Attenzione alle esigenze di cura e supporto reciproco: L'attenzione alle esigenze di cura e al supporto reciproco è un elemento fondamentale nell'amore liquido e nella costruzione di relazioni solide e soddisfacenti. Si tratta di essere presenti per il partner, di ascoltarlo, sostenerlo e prenderci cura delle sue necessità emotive e fisiche.

Nell'amore liquido, le dinamiche delle relazioni possono essere meno definite e più fluide. Ciò significa che è necessario prestare particolare attenzione alle esigenze del partner e offrire un supporto adeguato. Questo implica essere empatici, capaci di mettersi nei panni dell'altro e comprendere i suoi sentimenti e le sue esperienze.

L'attenzione alle esigenze di cura significa essere disponibili per il partner quando ha bisogno di supporto emotivo. Può includere l'ascolto attivo, il fornire un sostegno morale, l'esprimere affetto e amore, e il dimostrare un interesse sincero per il suo benessere. Questo aiuta a costruire una connessione profonda e a far sentire il partner apprezzato e amato.

Il supporto reciproco è una componente essenziale nell'amore liquido. Significa essere lì per il partner in momenti di difficoltà, sostenendolo nelle sfide che affronta. Può riguardare il fornire un aiuto pratico, come assistere con i compiti domestici o offrire supporto finanziario, ma include anche il supporto emotivo, come incoraggiamento, rassicurazione e comprensione.

L'attenzione alle esigenze di cura e il supporto reciproco possono contribuire alla creazione di una relazione solida e duratura nell'amore liquido. Quando entrambi i partner si sentono ascoltati, compresi e supportati, si sviluppa un senso di fiducia e di connessione profonda. Ciò crea un ambiente in cui entrambi possono crescere e affrontare le sfide della vita insieme.

In conclusione, l'attenzione alle esigenze di cura e il supporto reciproco sono elementi fondamentali nell'amore liquido. Significa essere presenti per il partner, ascoltarlo e prendersi cura delle sue necessità emotive e fisiche. Il supporto reciproco implica essere lì per il partner in momenti di difficoltà, offrendo un sostegno pratico ed emotivo. Questi elementi favoriscono una connessione profonda e duratura all'interno della relazione.

È importante sottolineare che ogni relazione è unica e che non esiste una formula magica per il successo delle relazioni liquide. Tuttavia, sviluppare una comunicazione aperta, coltivare la consapevolezza di sé e degli altri, mantenere un equilibrio tra autonomia e intimità e prestare attenzione alle esigenze di cura e supporto reciproco possono contribuire a favorire relazioni liquide più soddisfacenti e durature.

9. Sintesi e prospettive future

9.1 Riassunto delle caratteristiche principali dell'amore liquido

L'amore liquido è un concetto introdotto dal sociologo Zygmunt Bauman per descrivere le dinamiche delle relazioni amorose nell'era moderna. Si contrappone al concetto di amore solido, che rappresenta le relazioni basate sulla stabilità e sulla durata nel tempo. L'amore liquido, invece, si caratterizza per la sua fluidità, instabilità e fugacità.

Le principali caratteristiche dell'amore liquido sono le seguenti:

1. Flessibilità: Nell'amore liquido, le relazioni non sono rigide o predefinite. Possono cambiare rapidamente e adattarsi alle circostanze e alle preferenze personali dei partner. Non ci sono regole fisse da seguire e le aspettative possono variare da coppia a coppia.

2. Individualismo: L'amore liquido pone un'enfasi sull'individualità e sull'autorealizzazione. I partner cercano di soddisfare i propri bisogni personali e di realizzare i propri desideri, spesso a scapito della stabilità della relazione.

3. Scarsa stabilità: Le relazioni liquide possono essere volatili e instabili. I partner possono essere più propensi a terminare una relazione o a passare da una relazione all'altra, cercando costantemente nuove esperienze o cercando una persona che soddisfi meglio i loro desideri del momento.

4. Libertà di scelta: L'amore liquido offre una vasta gamma di opzioni e possibilità di connessione. I partner possono esplorare diverse relazioni romantiche o sessuali e possono prendere decisioni in base ai propri desideri e bisogni personali.

5. Incertezza: L'incertezza è una componente centrale dell'amore liquido. I partner possono sentirsi insicuri riguardo al futuro della relazione o alle intenzioni dell'altro. Questo può generare ansia e dubbi costanti sul destino della relazione.

6. Velocità: L'amore liquido è spesso caratterizzato da una dinamica veloce, in cui le relazioni si sviluppano rapidamente e possono anche terminare con altrettanta rapidità. Le connessioni possono essere create e interrotte in modo rapido e senza soluzione di continuità.

7. Cultura del consumismo: L'amore liquido è influenzato dalla cultura del consumismo, in cui le relazioni possono essere considerate come oggetti di consumo da soddisfare o da scartare quando non sono più desiderate o soddisfacenti.

In sintesi, l'amore liquido è un concetto che descrive le relazioni amorose nella società moderna caratterizzate da flessibilità, individualismo, instabilità e incertezza. Le dinamiche delle relazioni sono influenzate dalla cultura del consumismo e dalla ricerca costante di soddisfazione personale. Questo tipo di amore richiede un adattamento costante e una maggiore consapevolezza delle proprie esigenze e dei propri desideri.

9.2 Possibili cambiamenti e sviluppi futuri nell'approccio all'amore liquido

Quando si tratta di possibili cambiamenti e sviluppi futuri nell'approccio all'amore liquido, è importante considerare come la società e la cultura si evolvono nel corso del tempo. Mentre l'amore liquido è stato identificato come un tratto distintivo delle relazioni moderne, è possibile che possano verificarsi alcuni cambiamenti nell'approccio e nell'interpretazione di questo concetto.

1. Riconsiderazione della stabilità: La riconsiderazione della stabilità nel contesto dell'amore liquido implica un'esplorazione di come le persone vedono e cercano la stabilità nelle loro relazioni amorose. Mentre l'amore liquido sottolinea la fluidità e la mancanza di vincoli definiti, potrebbero sorgere dibattiti e spunti di riflessione su quanto sia importante o desiderabile avere una base di stabilità nelle relazioni.

Innanzitutto, è importante comprendere che la stabilità può assumere diverse forme. Può riguardare la continuità temporale di una relazione, con la volontà di impegnarsi a lungo termine. Può anche riferirsi alla costruzione di una base solida di fiducia, rispetto reciproco e impegno emotivo all'interno della relazione. La stabilità può offrire una sensazione di sicurezza e di continuità, fornendo una base solida per la crescita individuale e condivisa.

Nell'ambito dell'amore liquido, la riconsiderazione della stabilità potrebbe includere una valutazione critica del desiderio di esplorazione e della paura dell'impegno. Alcune persone potrebbero trovare che una mancanza di stabilità costante può portare a una certa insicurezza e a un senso di precarietà nelle loro relazioni. Inoltre, potrebbero desiderare una maggiore stabilità come base per la costruzione di un legame emotivo più profondo e significativo.

Allo stesso tempo, è importante considerare che la stabilità non deve essere intesa come una rigida staticità. Può essere vissuta come una stabilità dinamica, in cui le persone si impegnano a sostenere l'evoluzione individuale e relazionale, adattandosi ai cambiamenti e affrontando le sfide insieme. La stabilità può coesistere con la flessibilità e la capacità di adattarsi ai bisogni e alle esigenze che emergono nel corso del tempo.

La riconsiderazione della stabilità nel contesto dell'amore liquido può portare a una maggiore consapevolezza della propria propensione alla stabilità o alla fluidità nelle relazioni. Alcune persone possono preferire relazioni più stabili, mentre altre possono essere più inclini a mantenere una maggiore apertura e flessibilità. È importante rispettare e comprendere le preferenze individuali e trovare un equilibrio che sia soddisfacente per entrambi i partner.

In conclusione, la riconsiderazione della stabilità nel contesto dell'amore liquido comporta un'esplorazione critica di come la stabilità possa essere integrata in un approccio più fluido alle relazioni. Si tratta di trovare un equilibrio tra il desiderio di esplorazione e la necessità di una base solida per la costruzione di una connessione emotiva significativa. La stabilità può essere vista come una risorsa che contribuisce alla sicurezza, alla fiducia e alla crescita personale e condivisa nelle relazioni amorose.

2. Ricerca di autenticità: La ricerca di autenticità nel contesto dell'amore liquido rappresenta il desiderio di essere veri, sinceri e coerenti con se stessi all'interno delle relazioni amorose. Nell'amore liquido, caratterizzato dalla fluidità e dalla mancanza di vincoli definiti, l'autenticità diventa un aspetto cruciale per creare connessioni significative e gratificanti.

Essere autentici significa essere in grado di esprimere i propri sentimenti, le proprie emozioni e i propri bisogni in modo aperto e sincero, senza maschere o falsità. Riguarda l'abilità di essere fedeli a se stessi e di agire in coerenza con i propri valori, desideri e scopi di vita. La ricerca di autenticità richiede un livello di consapevolezza di sé e la capacità di comunicare in modo aperto e onesto.

Nel contesto dell'amore liquido, dove le relazioni possono essere fluide e in continua evoluzione, la ricerca di autenticità può comportare la necessità di esplorare e comprendere se stessi in modo più approfondito. Questo implica riflettere su ciò che si desidera e ciò che è veramente importante nelle relazioni, nonché prendersi il tempo per conoscere i propri sentimenti e bisogni più profondi.

La ricerca di autenticità richiede anche il coraggio di essere vulnerabili. Significa essere disposti a mostrare le proprie debolezze, le paure e le insicurezze, senza paura del giudizio o del rifiuto. Essere autentici implica anche ascoltare gli altri in modo empatico e rispettoso, creando uno spazio sicuro in cui entrambi i partner possono essere se stessi senza paura di essere giudicati.

La ricerca di autenticità nel contesto dell'amore liquido può anche comportare l'esplorazione e la comprensione delle proprie aspettative e degli stereotipi culturali che possono influenzare le relazioni. Ciò implica essere consapevoli dei modelli relazionali appresi e delle aspettative sociali e interrogarsi su cosa sia autentico per sé stessi al di là delle pressioni esterne.

L'autenticità nel contesto dell'amore liquido può creare una base solida per relazioni più significative e soddisfacenti. Quando entrambi i partner si impegnano a essere autentici, si crea un ambiente di fiducia e rispetto reciproco in cui le emozioni possono essere condivise liberamente e i bisogni possono essere compresi e rispettati.

La ricerca di autenticità nell'amore liquido rappresenta il desiderio di essere veri, sinceri e coerenti con se stessi all'interno delle relazioni amorose. Richiede la consapevolezza di sé, il coraggio di essere vulnerabili e la capacità di comunicare in modo aperto e onesto. La ricerca di autenticità crea una base solida per relazioni più significative, gratificanti e appaganti.

3. Consapevolezza emotiva e comunicazione: La consapevolezza emotiva e la comunicazione sono due elementi strettamente collegati che giocano un ruolo fondamentale nelle relazioni interpersonali. La consapevolezza emotiva si riferisce alla capacità di riconoscere, comprendere e gestire le proprie emozioni, così come di percepire e comprendere le emozioni degli altri. La comunicazione, d'altro canto, è il processo attraverso il quale trasmettiamo pensieri, sentimenti e bisogni agli altri.

La consapevolezza emotiva è un'abilità chiave per sviluppare relazioni sane e significative. Quando siamo consapevoli delle nostre emozioni, siamo in grado di esprimerle in modo chiaro e coerente agli altri, favorendo una comunicazione aperta e autentica. Essere consapevoli delle proprie emozioni ci consente anche di gestirle in modo appropriato, evitando reazioni impulsive o dannose per la relazione.

La comunicazione efficace è un elemento essenziale per il successo delle relazioni. Una buona comunicazione richiede ascolto attivo, chiarezza, rispetto reciproco e apertura. Significa essere in grado di esprimere i propri pensieri e sentimenti in modo chiaro e diretto, senza ambiguità o ambiguità. Allo stesso tempo, implica anche la capacità di ascoltare gli altri attentamente, mostrando interesse e comprensione nei loro confronti.

La consapevolezza emotiva e la comunicazione si influenzano reciprocamente. La consapevolezza emotiva ci aiuta a comprendere meglio le nostre emozioni e a identificare i motivi sottostanti ai nostri pensieri e comportamenti. Questo, a sua volta, ci consente di comunicare in modo più chiaro e intenzionale, evitando fraintendimenti e malintesi.

La consapevolezza emotiva può anche facilitare la comunicazione empatica. Quando siamo consapevoli delle nostre emozioni, siamo più in grado di metterci nei panni degli altri e comprendere le loro prospettive e sentimenti. Questo ci permette di comunicare con empatia e comprensione, creando un legame più profondo e significativo nelle relazioni.

D'altro canto, la comunicazione efficace può aumentare la consapevolezza emotiva. Attraverso la comunicazione aperta e onesta, siamo esposti alle reazioni e ai feedback degli altri, che possono contribuire a una maggiore comprensione di noi stessi e delle nostre emozioni. La comunicazione può anche fornire un'opportunità per esprimere i nostri bisogni emotivi e cercare il supporto e la comprensione degli altri.

La consapevolezza emotiva e la comunicazione sono due elementi interconnessi che svolgono un ruolo fondamentale nella creazione di relazioni significative e soddisfacenti. La consapevolezza emotiva ci permette di riconoscere, comprendere e gestire le nostre emozioni, mentre la comunicazione efficace ci consente di esprimere i nostri pensieri, sentimenti e bisogni agli altri in modo chiaro e rispettoso. Sviluppare sia la consapevolezza emotiva che le competenze comunicative può portare a relazioni più profonde, gratificanti e appaganti.

4. Valutazione delle priorità personali: La valutazione delle priorità personali nel contesto dell'amore liquido è un aspetto cruciale per la costruzione di relazioni significative e soddisfacenti. Significa prendersi il tempo necessario per riflettere sulle proprie esigenze, valori e obiettivi nella vita e comprendere come questi si allineano con le dinamiche delle relazioni amorose fluide.

In un mondo in cui le relazioni sono sempre più liquide e mutevoli, è fondamentale avere chiarezza sulle proprie priorità. Questo implica fare una serie di domande a se stessi, come ad esempio: quali sono le mie aspirazioni personali? Quali sono i miei valori fondamentali? Cosa desidero ottenere da una relazione? Cosa sono disposto/a a sacrificare e cosa non sono disposto/a a compromettere?

Valutare le priorità personali richiede sincerità e auto-riflessione. È importante prendersi il tempo per esplorare i propri desideri e bisogni, senza giudizio o pressioni esterne. Ognuno ha esigenze diverse e non esiste un modello unico di amore o relazione che funzioni per tutti. Ciò che è importante è capire cosa è davvero significativo per noi e cercare di perseguire tali obiettivi nelle nostre relazioni.

Un aspetto chiave della valutazione delle priorità personali è l'equilibrio tra l'autonomia individuale e l'intimità con il partner. Mentre l'amore liquido offre la libertà di esplorare diverse connessioni e opportunità, è importante capire fino a che punto siamo disposti a concedere spazio all'altro nella nostra vita e quanto siamo disposti a compromettere per mantenere una relazione stabile.

La valutazione delle priorità personali richiede anche una sincera comunicazione con il partner. È importante essere aperti e onesti riguardo alle proprie esigenze e aspettative, creando uno spazio di dialogo in cui entrambe le parti si sentano libere di esprimersi senza paura di giudizi o reazioni negative. La chiarezza e la trasparenza nella comunicazione aiutano a creare un terreno comune e a evitare fraintendimenti o incomprensioni.

Oltre alla valutazione delle priorità personali, è altrettanto importante considerare la flessibilità e l'adattabilità nelle relazioni amorose fluide. Poiché le circostanze e le persone cambiano nel tempo, è necessario essere disposti a rivedere e adattare le proprie priorità a seconda delle nuove esperienze e delle evoluzioni della relazione stessa. Questo non significa necessariamente tradire i propri valori o compromettere se stessi, ma piuttosto essere aperti a esplorare nuove opportunità e adattarsi ai cambiamenti che la vita può presentare.

In conclusione, la valutazione delle priorità personali nel contesto dell'amore liquido è un processo di auto-riflessione, sincerità e comunicazione aperta. Significa capire le proprie esigenze, valori e obiettivi, e cercare di bilanciarli con l'autonomia individuale e l'intimità nella relazione. È un percorso che richiede tempo, pazienza e apertura mentale, ma può condurre a relazioni più soddisfacenti e significative.

5. Ricerca di equilibrio tra autonomia e intimità: La ricerca di equilibrio tra autonomia e intimità nel contesto dell'amore liquido è un aspetto cruciale per la costruzione di relazioni sane e soddisfacenti. L'amore liquido implica una maggiore flessibilità e libertà nelle relazioni, consentendo alle persone di esplorare connessioni multiple e di adattarsi ai cambiamenti che la vita presenta. Tuttavia, trovare il giusto equilibrio tra l'autonomia individuale e l'intimità con il partner può essere una sfida.

L'autonomia si riferisce alla capacità di essere indipendenti, di prendere decisioni personali e di perseguire i propri interessi e obiettivi nella vita. È importante mantenere una propria identità e un senso di sé separato dalla relazione, in modo da non perdere di vista le proprie passioni, i propri valori e le proprie aspirazioni. L'autonomia consente di nutrire se stessi e di crescere come individui, contribuendo a una maggiore soddisfazione personale e a una relazione più equilibrata.

D'altra parte, l'intimità si riferisce alla connessione emotiva, alla condivisione profonda e alla vicinanza con il partner. È il desiderio di sperimentare l'affetto, la comprensione, l'appoggio e l'intimità fisica con l'altro. L'intimità richiede apertura emotiva, vulnerabilità e una volontà di investire tempo ed energia nella relazione. È attraverso l'intimità che si sviluppano legami profondi e si costruiscono connessioni significative.

La sfida nel trovare equilibrio tra autonomia e intimità nel amore liquido risiede nella gestione di queste due esigenze in modo armonioso. Per fare ciò, è importante comunicare apertamente con il partner riguardo alle proprie necessità e aspettative. Questa comunicazione dovrebbe includere discussioni sulla quantità di spazio individuale desiderato e sul livello di coinvolgimento nella vita dell'altro. Ogni persona ha bisogni diversi quando si tratta di autonomia e intimità, quindi è fondamentale trovare un terreno comune che soddisfi entrambe le parti.

Inoltre, la fiducia reciproca è un elemento cruciale nella ricerca di equilibrio tra autonomia e intimità. Quando si è sicuri dell'amore e dell'impegno del partner, diventa più facile concedere spazio per l'autonomia e allo stesso tempo godere di una connessione profonda. La fiducia consente di superare la paura di perdere il controllo o di essere abbandonati, permettendo di sperimentare un senso di sicurezza nella relazione.

Da un punto di vista pratico, la ricerca di equilibrio tra autonomia e intimità può richiedere la creazione di confini sani nella relazione. Questi confini definiscono i limiti e le aspettative reciproche riguardo allo spazio personale, al tempo trascorso insieme e alle decisioni condivise. È importante rispettare i confini dell'altro e avere una chiara comunicazione riguardo a ciò che si è disposti a concedere e a ciò che si desidera mantenere come autonomia individuale.

La ricerca di equilibrio tra autonomia e intimità nel amore liquido è un processo dinamico che richiede consapevolezza, comunicazione aperta e fiducia reciproca. Trovare il giusto equilibrio tra il perseguimento delle proprie passioni e la costruzione di connessioni profonde è essenziale per creare relazioni soddisfacenti e significative.

6. Innovazione tecnologica: L'innovazione tecnologica ha avuto un impatto significativo sulle dinamiche dell'amore liquido, influenzando la forma in cui le persone si incontrano, si connettono e gestiscono le relazioni romantiche. I progressi tecnologici, come i social media, le app di incontri e le piattaforme di messaggistica, hanno cambiato il modo in cui le persone si incontrano e interagiscono.

Le app di incontri, ad esempio, offrono la possibilità di conoscere potenziali partner in modo rapido e conveniente. Le persone possono creare un profilo, specificare le loro preferenze e iniziare a comunicare con altre persone che corrispondono ai loro interessi. Questo ha ampliato le possibilità di incontri e ha reso più accessibile l'incontro di nuove persone.

Le piattaforme di messaggistica, come WhatsApp o Messenger, consentono alle persone di comunicare in modo istantaneo, indipendentemente dalla distanza fisica. Ciò ha facilitato la comunicazione costante e la condivisione di emozioni e pensieri tra i partner. Inoltre, le videochiamate e le chiamate vocali hanno permesso una maggiore vicinanza emotiva, anche se fisicamente distanti.

Tuttavia, l'innovazione tecnologica nel amore liquido ha anche introdotto nuove sfide e dilemmi. Ad esempio, la facilità di connessione attraverso le app di incontri può portare a una mentalità di "scelta infinita", in cui le persone tendono a cercare costantemente qualcosa di migliore e a non impegnarsi in relazioni a lungo termine. Inoltre, la comunicazione digitale può mancare di sfumature emotive e di contatto fisico, che sono elementi importanti per la creazione di intimità.

Inoltre, l'uso eccessivo della tecnologia può anche portare a problemi come la dipendenza e la distrazione dalla relazione stessa. Passare troppo tempo sui social media o sui dispositivi elettronici può distogliere l'attenzione dal partner e ridurre la qualità del tempo trascorso insieme.

Per affrontare queste sfide, è importante sviluppare una consapevolezza critica dell'uso della tecnologia nelle relazioni. È necessario bilanciare l'uso della tecnologia con momenti di connessione di qualità nel mondo reale. Inoltre, comunicare apertamente con il partner riguardo alle aspettative, ai limiti e all'uso consapevole della tecnologia può contribuire a mantenere una relazione sana e bilanciata.

In conclusione, l'innovazione tecnologica ha avuto un impatto significativo sull'amore liquido, offrendo nuove opportunità di connessione e comunicazione. Tuttavia, è importante utilizzare la tecnologia in modo consapevole, bilanciando la connessione virtuale con l'interazione reale e affrontando le sfide che essa può comportare. La consapevolezza critica e la comunicazione aperta sono fondamentali per gestire l'innovazione tecnologica nel contesto dell'amore liquido.

È importante notare che questi possibili cambiamenti e sviluppi futuri non sono da considerarsi come certezze, ma piuttosto come spunti di riflessione sulla possibile evoluzione dell'approccio all'amore liquido. La società e la cultura sono in costante cambiamento, e di conseguenza anche le dinamiche delle relazioni possono evolversi nel corso del tempo.

9.3 Consigli pratici per affrontare l'amore liquido nella propria vita

Ecco alcuni consigli pratici per affrontare l'amore liquido nella propria vita:

1. Rifletti sulle tue aspettative: Prendi il tempo per riflettere su ciò che desideri davvero da una relazione. Chiarisci le tue aspettative e i tuoi valori fondamentali. Questa consapevolezza ti aiuterà a prendere decisioni più consapevoli e ad attirare partner che sono in sintonia con te.

2. Comunica apertamente: La comunicazione è fondamentale nell'amore liquido. Sii aperto e onesto con te stesso e con il tuo partner riguardo alle tue esigenze, desideri e paure. Esprimi i tuoi sentimenti e ascolta attentamente ciò che il tuo partner ha da dire. La comunicazione aperta favorisce la comprensione reciproca e la costruzione di relazioni più solide.

3. Sviluppa la tua autostima: L'amore liquido può mettere alla prova la tua autostima e sicurezza emotiva. Lavora su te stesso e sul tuo benessere personale. Coltiva hobby, interessi e relazioni significative al di fuori della sfera romantica. Riconosci il tuo valore e impara ad amarti per ciò che sei.

4. Accetta il cambiamento: Nell'amore liquido, è importante accettare che le relazioni possono evolvere e cambiare nel tempo. Sii flessibile e aperto alle nuove dinamiche e possibilità. Affronta il cambiamento con una mentalità positiva e cerca di adattarti alle sfide che si presentano.

5. Stabilisci confini sani: Imposta limiti chiari per te stesso e comunicali al tuo partner. Stabilisci quali sono le tue linee guida per il comportamento rispettoso e onesto nella relazione. Rispetta anche i confini stabiliti dal tuo partner. Questo contribuirà a creare una base di fiducia e rispetto reciproco.

6. Prenditi cura di te stesso: Ricorda che il tuo benessere personale è fondamentale. Prenditi cura del tuo corpo, della tua mente e delle tue emozioni. Fai attività fisica, pratica la meditazione o lo yoga, cerca momenti di relax e prenditi del tempo per te stesso. Mantenere un buon equilibrio tra lavoro, vita personale e relazioni è essenziale per il tuo benessere complessivo.

7. Fai attenzione ai segnali rossi: Presta attenzione ai segnali che potrebbero indicare una relazione tossica o disfunzionale. Se ti senti costantemente insoddisfatto, disrespettato o emotivamente danneggiato, prendi in considerazione la possibilità di allontanarti da quella relazione. Il tuo benessere e la tua felicità sono importanti.

8. Sii paziente: Le relazioni nell'amore liquido richiedono tempo, pazienza e impegno. Non aspettarti che tutto si risolva immediatamente. Sii paziente con te stesso e con il tuo partner. Lavora insieme per costruire una connessione solida e duratura.

Ricorda che ogni persona e ogni relazione è unica, quindi questi consigli possono variare a seconda delle circostanze. È importante adattarli alla tua situazione personale e fare ciò che è meglio per te. Sii aperto all'apprendimento, all'esplorazione e alla crescita personale nel tuo percorso nell'amore liquido.

Conclusioni

Abbiamo esplorato il tema dell'amore liquido sia negli adolescenti che negli adulti, offrendo una spiegazione chiara e accessibile di questa nuova tipologia di amore. Durante il nostro viaggio, abbiamo compreso che l'amore liquido rappresenta un fenomeno significativo nell'era moderna delle relazioni, caratterizzato da una maggiore fluidità e incertezza.

Abbiamo analizzato le sfide che gli adolescenti affrontano nell'amore liquido, con la loro tendenza a esplorare e sperimentare diverse relazioni, spinti dalla curiosità, dalla ricerca di sé stessi e dal desiderio di connessione. L'importanza di un'educazione empatica che consenta loro di comprendere e gestire le emozioni complesse che emergono durante questa fase di transizione.

Per gli adulti, abbiamo letto come l'amore liquido si manifesti attraverso la flessibilità, la ricerca di indipendenza e la volontà di adattarsi alle mutevoli dinamiche delle relazioni. Discussioni delle sfide che sorgono, come l'ansia dell'incertezza, la paura dell'impegno e la difficoltà di stabilire connessioni durature. Tuttavia, è anche sottolineato che l'amore liquido può offrire opportunità di crescita personale e di esplorazione di sé stessi.

Per spiegare questa nuova tipologia di amore in maniera facile, ho utilizzato un linguaggio accessibile e fatto ricorso a esempi concreti tratti dalla vita di adolescenti e adulti. Abbiamo cercato di trasmettere il concetto di fluidità delle relazioni e la necessità di adattarsi ai cambiamenti senza perdere di vista la nostra autenticità e i nostri valori.

L'importanza della comunicazione aperta, dell'empatia e del rispetto reciproco nel contesto dell'amore liquido. Abbiamo incoraggiato genitori, educatori e figure di supporto a fornire un ambiente sicuro in cui gli adolescenti possano esplorare l'amore liquido e sviluppare una sana consapevolezza delle proprie emozioni e desideri.

Una maggiore consapevolezza di sé stessi, definire i propri confini e a perseguire relazioni che rispecchino le loro esigenze emotive. L'amore liquido non deve essere visto come un fallimento delle relazioni tradizionali, ma come una nuova possibilità di connessione, che richiede impegno, consapevolezza e adattabilità.

In conclusione, ho cercato di fornire una visione ampia e comprensibile dell'amore liquido, affrontando sia il punto di vista degli adolescenti che quello degli adulti. Questo libro è stato scritto con l'intento di offrire una guida per comprendere meglio le dinamiche delle relazioni nell'era moderna, invitando i lettori a riflettere sul proprio percorso nel labirinto dell'amore liquido.

Che siate adolescenti che esplorano le prime sfide amorose o adulti che si trovano ad affrontare le complessità delle relazioni liquide, spero che questo libro vi abbia fornito strumenti e spunti di riflessione per muovervi consapevolmente in questo nuovo territorio dell'amore. Che possiate coltivare connessioni autentiche, trovare equilibrio ed esperienze significative nel labirinto dell'amore liquido.

www.ingramcontent.com/pod-product-compliance
Lightning Source LLC
Chambersburg PA
CBHW051818250726

48659CB00005B/1553